AF588983

Extrait du Bulletin n° 152 de la Société archéologique et historique de l'Orléanais.

M. BOUCHER DE MOLANDON

ANCIEN PRÉSIDENT
DE LA SOCIÉTÉ ARCHÉOLOGIQUE ET HISTORIQUE
DE L'ORLÉANAIS

RÉMY BOUCHER DE MOLANDON

M. BOUCHER DE MOLANDON

ANCIEN PRÉSIDENT DE LA SOCIÉTÉ ARCHÉOLOGIQUE
ET HISTORIQUE DE L'ORLÉANAIS
ET DE L'ACADÉMIE DE SAINTE-CROIX
CORRESPONDANT DU MINISTÈRE DE L'INSTRUCTION PUBLIQUE
MEMBRE NON RÉSIDANT DU COMITÉ DES TRAVAUX HISTORIQUES
CHEVALIER DE LA LÉGION D'HONNEUR
OFFICIER DE L'INSTRUCTION PUBLIQUE

NOTICE NÉCROLOGIQUE

Lue en séance de la Société archéologique et historique de l'Orléanais

Par M. G. VIGNAT
Vice-Président de la Société.

ORLÉANS
H. HERLUISON, LIBRAIRE-ÉDITEUR
17, RUE JEANNE-D'ARC, 17

1894

NOTICE

SUR

M. REMI BOUCHER DE MOLANDON

ANCIEN PRÉSIDENT
DE LA SOCIÉTÉ ARCHÉOLOGIQUE ET HISTORIQUE DE L'ORLÉANAIS

Messieurs,

Lorsque vous m'avez confié l'honneur de rédiger la notice nécrologique qui, suivant le pieux usage établi dans notre compagnie, devait être consacrée à notre tant regretté confrère, M. Boucher de Molandon, ce n'était pas un discours académique, un éloge funèbre, quelque digne qu'il en fût, que vous attendiez de moi.

Pareille tâche, vous le saviez, Messieurs, eût été bien au-dessus de mes forces, et les expressions m'eussent manqué pour l'accomplir à votre gré et au mien.

Mais la vie de celui qui laisse un si grand vide parmi nous a été si utilement et si dignement remplie, qu'en essayant de la retracer, les faits parleront d'eux-mêmes. Leur simple énoncé suffira donc ici.

Ce sera d'ailleurs, dans cette enceinte, le meilleur éloge de celui qui fut si attaché à notre Société, le seul qu'il eût toléré s'il était aujourd'hui présent parmi nous, comme son souvenir l'est à cette heure à nos esprits et dans nos cœurs.

I

Remi Boucher de Molandon est né le 20 nivôse an XIII (10 janvier 1805), dans une maison qui portait alors le n° 13 du cloître Saint-Pierre-Empont, c'est-à-dire en pleine cité orléanaise. — C'était à quelques pas de la maison, située sur le même cloître, où naquit un autre de nos regrettés confrères,

Eugène Bimbenet, dont personne n'a oublié la si laborieuse et si longue carrière (1).

Il était fils de Remi-Robert Boucher de Molandon et de Élisabeth-Rosalie Capitant, dont l'union avait cimenté de vieux liens d'amitié entre deux très anciennes familles orléanaises. Remi-Robert Boucher de Molandon avait eu pour mère Olympe-Rosalie Colas des Francs et se rattachait ainsi à cette notable famille de notre ville (2).

(1) M. Bimbenet, mort à 89 ans, a été pendant quarante-deux ans (sauf une interruption de quelques années), membre de notre Société, M. de Molandon, mort à 88 ans, l'a été pendant trente-huit ans.

(2) Olympe-Rosalie Colas des Francs, fille de Robert Colas des Francs, maire d'Orléans, et de Élisabeth Colas de Brouville, fut baptisée le 12 août 1740, et mariée en l'église Sainte-Catherine, le 17 janvier 1763, à Remi Boucher de Molandon, fils aîné de Remi Boucher de Molandon et de Geneviève Françoise Chauvreulx.

La famille Boucher, connue à Orléans dès le XIVe siècle, a pour principal chef Jacques Boucher, trésorier général du duché d'Orléans de 1422 à 1443 et qui, en 1429, eut l'honneur de recevoir Jeanne d'Arc en son hôtel attenant à la porte Renart.

On lit dans une chronique du temps publiée par Denys Godefroy, dans son *Recueil des historiens de Charles VII*, sous le titre de *Chronique de la Pucelle* : « Fut reçue (Jeanne d'Arc) à grand joye, et logée en l'hostel du Thrésorier du duc d'Orléans Jacques Boucher, où elle se fit désarmer, et est vray que depuis le matin jusques au soir elle avait chevauché toute armée, sans descendre, boire ni manger. On lui avait faict appareiller à souper bien et honorablement ; mais elle fit seulement mettre du vin dans une tasse d'argent, où elle mit la moitié d'eau et cinq ou six soupes dedans, qu'elle mangea et ne prinst autre chose tout le jour pour manger ny boire : puis s'alla coucher en la chambre qui lui avait été ordonnée ; et avec elle estaient la femme et la fille du dict Thrésorier, laquelle fille coucha la nuict avec la dicte Jeanne. Et ainsi vint la dicte Pucelle en la ville d'Orléans, le penultième jour d'avril l'an mil quatre cent vingt-neuf. » (Voir aussi le *Journal du siège*, et la chronique de l'établissement de la fête du 8 mai. — QUICHERAT, t. IV et V.)

Les diverses branches de cette famille ont porté, successivement ou à la fois, les noms de Boucher de Guilleville, de Mauny, de Mézières et de Molandon. La branche des Boucher de Guilleville s'est éteinte au cours du XVIIIe siècle.

ARMES. D'azur au chevron d'or, accompagné en chef de deux têtes de Maures d'argent tortillées de même, et en pointe d'une syrène aussi d'argent soutenue d'une mer de même.

Ces armes, qui sont celles du Trésorier général, Jacques Boucher, ainsi

M. Boucher de Molandon a toujours aimé à se rappeler et à rappeler qu'un de ses ancêtres, Jacques Boucher, trésorier général du duc d'Orléans, avait donné l'hospitalité à Jeanne d'Arc, dans son hôtel de la porte Renart, lorsqu'elle vint à Orléans pour en faire lever le siège.

Quel Orléanais, quel Français ne se serait, comme lui, honoré d'un pareil souvenir ?

Un autre de ses ancêtres, Jean Boucher de Guilleville (qui descendait du Trésorier général au 5e degré), délégué comme échevin d'Orléans, pour traiter une affaire importante près du Parlement de Paris et des ministres de Louis XIII, fut fortuitement témoin du meurtre du maréchal d'Ancre. Il nous en a laissé un récit intéressant publié par M. Doinel, archiviste du Loiret.

Son grand-père avait été administrateur du district d'Orléans. Ce n'est pas, s'il accepta ces fonctions, qu'il se sentit porté vers les idées nouvelles, ou que son esprit fût hanté de visées ambitieuses, mais il avait espéré ainsi être à même de rendre des services plus efficaces à la cause qu'il voulait défendre, celle de la religion catholique, de la monarchie légitime et de la patrie.

Une lettre du roi Louis XVIII, datée de l'exil, et religieusement conservée dans les archives de la famille, prouve, du reste, qu'il ne s'était pas engagé dans cette voie sans une haute approbation.

Riégel, le 9 mai 1796.

« Je sais, Monsieur, que vous êtes entré dans l'administration départementale d'Orléans, dans l'unique vue de servir plus utilement mes intérêts, et je vous écris cette lettre pour vous témoigner ma satisfaction de votre conduite ».

Signé: Louis.

qu'il appert des titres signés de lui et scellés de son sceau, conservés dans sa famille et dans nos archives départementales, ont été plusieurs fois reconnues et confirmées à ses descendants, aux XVIIe et XVIIIe siècles, et plus récemment le 29 mai 1818. (*Hist. généalogique de la famille Colas*. Orléans, Herluison, 1883.)

Cette lettre avait été transmise, le 23 septembre 1796, jointe à une missive de M. de Mallet, rédigée elle-même dans les termes les plus flatteurs. Elle constituait, à elle seule, la plus haute récompense que pût ambitionner un homme de bien, à pareille époque. Plus tard, une lettre du roi, datée du 29 mai 1818, fut pour le vieillard, alors plus qu'octogénaire, un nouveau témoignage de la bienveillance de son souverain.

Lorsque vint pour le jeune Boucher de Molandon l'âge de commencer ses études, son père le fit entrer dans la pension de M. Leclerc Béchu, établissement bien connu de tous les Orléanais et qui eut ses moments de vogue. Un certificat du directeur constate qu'il s'est distingué par sa bonne conduite et ses succès dans ses études.

Peu après, on le retrouve au moyen séminaire, dirigé par le vénérable abbé Mérault, puis enfin au collège où il fait sa rhétorique et sa philosophie. Là se révèlent et se développent les excellentes qualités qui distinguèrent pendant toute sa vie notre regretté confrère : une grande vivacité d'esprit, une mémoire excellente, beaucoup d'ardeur au travail jointe à une remarquable facilité, de la persistance dans les idées et une persévérance dans les efforts que rien ne rebutait.

Aussi le nom du jeune Remi Boucher figura-t-il avec honneur dans les palmarès de cette époque, et ce fut lui qui, dans la classe de philosophie, remporta le premier prix de dissertation latine. Or, à ce prix était alors attaché le prix d'honneur.

C'était brillamment terminer ses études. Le complément naturel et indispensable de toutes les bonnes études ne se fit pas longtemps attendre, et l'élève de M. Leclerc, de l'abbé Mérault et du collège royal, le lauréat du prix d'honneur était reçu bachelier le 8 août 1822.

L'année suivante, on le voit retourner au collège d'Orléans et suivre le cours de mathématiques. C'est encore lui qui obtient le prix de mathématiques spéciales, affecté à cette classe.

II

On était alors en pleine Restauration. Par les relations de sa famille, le jeune bachelier se trouvait lancé dans tout ce que la société orléanaise avait de plus choisi et de plus brillant. Mais toutes les séductions du plaisir, auxquelles la jeunesse se livre si facilement, ne lui firent pas oublier qu'il n'était qu'au commencement du labeur. Il comprit que l'oisiveté, résultat fatal de l'abus des distractions, même les plus légitimes, n'est pas digne de l'homme qui se respecte, et il résolut de faire son droit, n'accordant au monde et à ses divertissements que les instants de loisir qu'on peut raisonnablement lui abandonner.

M. de Molandon oisif, c'eût été, pour tous ceux qui l'ont connu, une chose impossible à concevoir !

Il prit donc ses inscriptions de droit à la faculté de Paris, et travaillant avec le même succès qu'au séminaire et au collège, il obtint le diplôme de bachelier en droit, puis celui de licencié, le 11 juin 1827. Ces diplômes portent la signature de l'évêque d'Hermopolis, le célèbre Frayssinous, grand-maître de l'université, l'auteur de la brochure qui fit tant de bruit : *Les vrais principes de l'Eglise gallicane.*

Au licencié en droit, restait à faire son stage. Ce fut d'abord à la cour royale de Paris qu'il se fit inscrire, suivant avec exactitude les conférences de l'ordre ; ce qui ne l'empêchait pas de se rendre avec empressement aux cours professés alors à la Sorbonne par les maîtres de l'époque : Guizot, Villemain, Patin, etc.

En novembre 1829, après un voyage d'étude en Espagne, il revint à Orléans, où il fut admis à renouveler le serment d'avocat et à faire partie du barreau de cette ville.

De sa carrière d'avocat, qui n'était dans sa pensée qu'un acheminement vers d'autres fonctions, M. de Molandon avait conservé un souvenir piquant. C'est une anecdote qu'il racontait parfois dans l'intimité, avec la verve, l'originalité qui lui étaient particulières et que je ne saurais imiter que de bien loin.

Comme tous les jeunes avocats, Maître Boucher de Molandon avait dû débuter en prenant la parole aux assises du Loiret. On l'avait désigné pour présenter la défense d'un malheureux père, chargé d'une nombreuse famille, qui avait volé quelques mesures de blé à un voisin, et avait fini par avouer son crime.

Mais le jeune défenseur, appelant à son secours toutes les ressources de la rhétorique, parla avec une si grande facilité d'élocution, tant de charme et d'entraînement qu'il réussit à émouvoir une partie des jurés. L'accusé, profitant du partage des voix, six contre six, fut déclaré non coupable et acquitté.

Jusque-là rien de bien étonnant. Les Cours d'assises nous ont habitués depuis longtemps à de pareilles solutions dans les affaires criminelles, et de tels verdicts passeraient aujourd'hui inaperçus.

Il n'en fut point ainsi alors, et cette cause offrit « un spectacle affligeant ». C'est un journal judiciaire de l'époque qui parle ainsi (1) :

« D'abord, y lit-on, M. de Montarand, substitut de M. le Procureur général a cru devoir témoigner à MM. les jurés son étonnement sur la solution de la cause, mais il l'a fait rapidement et sous la forme de considérations générales. »

Ce ne fut pas tout. Outré d'avoir, de par le jury, à prononcer l'acquittement d'un coupable qui avait fait des aveux, le Président, M. de la Taille, prit à son tour la parole, adressant de nombreux et graves reproches aux jurés, qui déclaraient non coupable l'accusé, lorsque celui-ci avouait le fait qu'on lui reprochait.

« Il dit qu'alors les jurés méconnaissaient leur devoir, qu'ils manquaient à leur conscience, qu'ils trahissaient leur serment, qu'ils mettaient la Cour dans la nécessité de consacrer le vol,

(1) *Courrier des Tribunaux* du 7 mai 1830.

en la forçant de prononcer la remise à l'accusé des objets qu'il avouait avoir soustraits ; qu'ainsi ils encourageaient le crime en le rendant impuni.... » etc., etc.

Disons, pour excuser la mauvaise humeur des magistrats, que c'était la seconde fois que pareil verdict était prononcé dans la même audience. Une jeune fille, accusée d'un vol d'objets de minime importance au préjudice de son maître et qui avouait le fait en témoignant un vif repentir, venait également d'être acquittée en bénéficiant du partage des voix.

Quant à l'heureux défenseur, que pensait-il pendant que les jurés écoutaient, trop patiemment, au gré du journaliste, ces sévères admonestations ? Sans doute que son modeste succès ne pouvait être plus officiellement constaté et sanctionné ; mais qu'il était loin de prévoir qu'une si petite cause pût amener un si gros orage.

Le but de M. de Molandon, en se faisant inscrire au barreau, avait été de se préparer à entrer dans la magistrature. Appuyé des recommandations de personnages influents, soutenu particulièrement par M. de Champvallins, député du Loiret, qui avait su l'appécier et deviner en lui une précieuse recrue pour ce corps, il avait adressé une première demande, en 1829, au Garde des sceaux. Le 4 janvier 1830, il l'avait renouvelée en sollicitant une place de conseiller auditeur à la cour royale d'Orléans.

Une réponse faite dans des termes bienveillants et du meilleur augure lui avait annoncé que ses titres allaient être examinés, lorsque, quelques mois plus tard, éclata la Révolution de juillet.

M. Boucher de Molandon, profondément blessé dans ses convictions les plus intimes, jugea qu'il ne pouvait adhérer au nouvel état de chose et encore moins prêter un concours quelconque au gouvernement du jour. Il abandonna donc son projet très arrêté de faire sa carrière dans la magistrature et renonça à toute fonction publique.

Comment aurait-il pu maintenir sa candidature à l'un des

sièges de la cour, au moment même où les abandonnaient si noblement les de Montarand, de la Place de Montevray, du Gaigneau de Champvallins, Colas de la Noue, Costé de Bagneaux, Barbot-Duplessis..... pour lesquels il avait une profonde estime ?

Par contre, il se jeta dans l'opposition avec toute l'ardeur de son âge et de son tempérament, apportant une collaboration active à la presse légitimiste.

Je ne suivrai pas notre vénéré confrère sur le terrain de la politique. Ce n'est pas ici le lieu. Cependant il y a deux faits, auxquels il se trouva trop intimement mêlé pour qu'il soit permis de les passer sous silence. Je veux parler de la fondation du journal l'*Orléanais*, et du procès des Vendéens, à Orléans, en 1832.

III

Je n'ai entre les mains aucun document qui me permette d'affirmer, bien que j'aie tout lieu de le croire, que M. de Molandon doive être mis au nombre des fondateurs mêmes de l'*Orléanais*; ceux-ci, sans se cacher précisément, durent agir avec beaucoup de discrétion et de prudence ; et le programme qu'ils publièrent ne porte pas de signature. Ce qu'il y a de certain, c'est que, dès l'origine même, il apporta un concours des plus actifs à la feuille naissante.

C'est le 1er février 1831 que fut distribué le premier numéro de l'organe légitimiste; il devait paraître deux fois par semaine.

C'est deux fois par jour, aujourd'hui, qu'il nous faut un journal : le matin et le soir !

Bien que la polémique y fût toujours courtoise, et qu'on n'y rencontrât pas de ces écarts de plume, de ces violences de langage qui déshonorent les meilleures causes, le parti pris d'opposition constante au nouveau gouvernement perçait partout, souvent sous la forme de mordantes railleries.

L'autorité, piquée au vif, ne pouvait manquer de sévir, et i fallut qu'une réunion d'amis sûrs et dévoués, en outre de la souscription ouverte publiquement dans les colonnes du journal, s'engageât à indemniser la caisse, d'abord des amendes qui pleuvaient dru, puis des frais de prison.

M. de Molandon ne resta pas en retard, car la générosité a toujours été un des traits saillants de son caractère. Personne ici, dans cette brillante salle, ne pourrait la mettre en doute.

La part qu'il prit à la rédaction même du journal ne peut être non plus déterminée d'une manière très précise. Sans doute nombre d'articles furent inspirés par lui, rédigés avec sa collaboration, ou même écrits en entier de sa main. Mais imitant une réserve, observée encore aujourd'hui par maints écrivains et à laquelle sa modestie le portait naturellement, il ne paraît pas avoir eu l'habitude de signer, si ce n'est de ses initiales, ou peut-être d'un pseudonyme, les articles ou simples entre-filets dus à sa plume. L'activité de sa collaboration n'en est pas moins hors de doute, car lui-même disait souvent : « J'ai fait du journalisme pendant trente ans de ma vie. » Et de fait, en 1849, on le voit figurer au congrès de la presse réformiste comme délégué du journal l'*Orléanais*.

Lorsqu'il consacra sa plume à des travaux archéologiques et historiques, assez tardivement, ainsi qu'on l'a fait remarquer dans cette enceinte, ce n'était donc point un novice dans l'art d'écrire.

Un autre événement vint, en 1832, agiter les esprits et remuer profondément les passions politiques. Ce fut la comparution aux assises d'Orléans de ces Vendéens de toutes les conditions, depuis la plus humble jusqu'à la plus élevée, qui s'étaient levés à la voix de Madame la Duchesse de Berry, pour revendiquer et défendre les droits de la monarchie qu'avaient défendue leurs pères.

Lorsque ces infortunés arrivèrent à Orléans après de longues et dures étapes, un secours inattendu, un appui moral d'un grand effet, les y attendaient pour les soutenir et les réconforter dans ces rudes épreuves.

Madame la marquise de La Rochejaquelein était venue se fixer dans notre ville, avec sa vénérable mère Mme la marquise de Donnissan et ses enfants ; elle y habitait un hôtel situé sur le cloître Saint-Aignan et connu sous le nom d'hôtel Louis XI. « Il semblait qu'il y eût quelque chose de providentiel, écrivait plus tard M. de Molandon, dans ce rapprochement des enfants de la Vendée, et de la veuve de leurs héroïques chefs, se retrouvant une fois encore pour traverser une nouvelle et cruelle épreuve. »

Les salons de Mme de La Rochejaquelein furent bientôt le rendez-vous de tous ceux qui s'intéressaient vivement au sort de ces malheureux, et qui avaient pris à cœur de les sauver d'une condamnation imminente.

Là s'organisait la défense ; de là partaient des secours de toute sorte pour adoucir la détention des prisonniers. « Il devint de bon goût de commencer sa journée à l'audience et de la terminer à la prison. »

M. de Molandon devint l'hôte assidu de l'hôtel du cloître Saint-Aignan ; il mit au service de la cause qu'on y défendait toute l'ardeur, toute l'activité, tout le désintéressement dont il était susceptible. Il fut bientôt, suivant l'expression pittoresque d'Alfred Nettement, « l'un des aides de camp de Madame de la Rochejaquelein dans la lutte d'un nouveau genre qui allait s'ouvrir, dans cette campagne judiciaire qui devait suivre de près la campagne militaire dans l'Ouest. »

C'est à l'audience du 30 décembre 1832 qu'il présenta, avec Me Asselin, la défense des accusés Ménars père et Husset. Son nom dans les comptes rendus de ce fameux procès côtoie les noms encore si honorablement connus aujourd'hui, dans notre ville, de MM. de Fougères, de la Taille, Daudier, Johanet, Geffrier, etc. Ces généreux défenseurs eurent la satisfaction de voir leurs efforts récompensés d'un succès relatif. Une partie des prévenus furent déclarés non coupables, par le jury d'Orléans, et les condamnations prononcées ne furent pas, en somme, bien graves.

Les Vendéens, ainsi qu'aimait à le rappeler M. de Molandon,

ne furent pas ingrats envers leur bienfaitrice. « Et lorsque la ferme indépendance de nos jurés renvoyait à leurs travaux ces coupables d'un nouveau genre, il était touchant de les voir tous accourir auprès de leur bienfaitrice, plus heureux de lui baiser les mains en pleurant que des dons qu'ils devaient à son inépuisable munificence. »

M. de Molandon resta, depuis, l'un des habitués de l'hôtel de La Rochejaquelein, où le charme de sa conversation, la finesse de ses saillies en même temps que la solidité de ses principes lui avaient conquis tant de sympathie. Le mariage de sa sœur avec le vicomte de Beaucorps, neveu de la marquise, devait plus tard resserrer ces relations en l'alliant, pour ainsi dire, à la famille de La Rochejaquelein. Aussi, quand l'illustre Vendéenne mourut à Orléans, en 1857, lui consacra-t-il quelques pages émues et pleines de cœur.

IV

En 1832, M. de Molandon n'avait plus son père et dès lors il s'attacha plus étroitement à sa mère, qu'il ne quitta jamais, lui consacrant avec bonheur une vie, dont bien de séduisantes perspectives lui laissaient entrevoir le partage assuré, s'il l'eût désiré, avec un cœur digne du sien.

Ce n'était pas dans les desseins de la Providence. M. de Molandon ne devait pas se marier. Mais soutenue par les principes d'une religion solide, à laquelle il demeura toujours fidèlement attaché, la dignité de sa vie n'eut jamais à souffrir de l'isolement de son foyer.

Le mariage de sa sœur, dont je viens de parler, lui permit bientôt de reporter sur ses neveux, Maxime et Adalbert de Beaucorps, et sur leur sœur, devenue plus tard la comtesse de Troguindy, tous les sentiments de paternelle affection dont son âme était pleine et qui lui furent payés d'un juste retour.

Je ne saurais passer sous silence l'acquisition faite par Mme Boucher de Molandon, quelques années après les événements que je viens de rappeler, en 1835, de la terre de Reuilly, située près de Chécy. Là s'élevait naguère le manoir de Guy de Cailly, notable Orléanais, anobli par Charles VII, qui reçut Jeanne d'Arc le 28 avril 1429, la veille du jour où elle pénétra dans Orléans assiégée par les Anglais. Ces souvenirs historiques étaient-ils alors bien connus? Entrèrent-ils pour quelque chose dans le choix des acquéreurs? Furent-ils escomptés par l'une ou l'autre des parties dans la discussion du prix? Je ne sais. Toujours est-il qu'ils eurent plus tard leur part d'influence dans la direction que donna à ses recherches et à ses travaux notre vénéré confrère.

Ce ne fut pas le seul motif qui l'entraîna vers l'étude du passé. Il s'était trouvé en relation, à une époque que je ne saurais préciser, avec M. de Caumont, l'un des savants qui ont le plus contribué à remettre en honneur et à populariser en France les études archéologiques. M. de Caumont avait l'éloquence persuasive de tous les hommes profondément convaincus. Il ne tarda pas à faire de M. de Molandon un prosélyte ardent et à l'entraîner dans le mouvement. Une lettre du 20 septembre 1851 lui annonça qu'il était nommé membre de la *Société pour la conservation et la description des monuments historiques de la France*, Société qui avait alors pour président M. de Caumont, et pour secrétaire le comte de Soultrait.

Rien qu'à ce titre, la place de M. de Molandon était marquée à l'avance dans la Société archéologique de l'Orléanais, fondée au commencement de l'année 1848. Il fut élu dans le cours du troisième trimestre de 1855, alors que M. de Vassal présidait, assisté au bureau par MM. Mantellier, Mauge et de Langalerie.

Lorsque quelques amis le présentèrent, comptant sur son extrême facilité et son grand amour pour le travail, en même temps que sur l'ardeur qu'il mettait à tout ce qu'il entreprenait, jamais ils n'avaient été mieux inspirés par les véritables intérêts de la Société. Quelles que fussent alors leurs espérances, elles restèrent, je ne crains pas de le dire, au-dessous de la réalité.

Trente-huit années de labeur et de dévoûment sont là pour le prouver.

Il y a trois choses surtout, dont le souvenir impérissable restera lié au nom de M. de Molandon, comme elles suffiront à caractériser tout entier son séjour parmi nous.

Ce sont la publication de ses importants travaux sur Jeanne d'Arc et tout ce qui se rattache à elle, l'installation de la Société archéologique dans l'ancienne salle des thèses de l'Université d'Orléans, les cinq concours quinquennaux ouverts de 1869 à 1890.

V

Veut-on savoir les premiers mots qui tombent de la bouche de M. de Molandon, lorsque deux ans après son admission il rompt le silence qu'avec sa réserve habituelle il estimait que sa qualité de nouveau venu lui imposait?

« Le nom de Jeanne d'Arc est si beau, sa gloire nous est si chère, qu'il semble que quelques rayons de sa pure auréole rejaillissent sur les plus simples détails de sa vie et les plus humbles témoignages de reconnaissance offerts à sa mémoire. »

Ainsi débute le compte rendu de la fête célébrée à Chécy, le dimanche 3 mai 1857, pour la seconde fois, en l'honneur du séjour qu'y fit Jeanne d'Arc.

C'est qu'en effet, M. de Molandon, en étudiant la vie de Jeanne d'Arc, avait constaté que c'était bien dans le manoir de Reuilly qu'elle avait reçu l'hospitalité de Guy de Cailly et de Marie Boilève, lorsque, partie de Blois avec un convoi de vivres et de munitions pour ravitailler Orléans, et suivant la rive gauche de la Loire, elle était venue aborder à Chécy, le 28 avril 1429, après avoir traversé le fleuve.

C'est donc à Chécy, comme le constate avec tant de bonheur et d'émotion l'auteur du compte rendu de la fête, que Jeanne, pour la première fois, prit possession de ce sol qu'elle venait affranchir, où elle reçut les premiers hommages des capitaines et des bourgeois de la cité, concerta les premières mesures, organisa les premiers secours.

Il la voit s'agenouiller d'abord dans la magnifique église paroissiale que tout indique, d'après lui, avoir été édifiée par saint Louis ; puis de là se rendre à Reuilly, suivant nécessairement le chemin rural qui existe encore aujourd'hui ; il l'accompagne, partant de Reuilly, le lendemain 29, pour pénétrer dans la ville d'Orléans.

« La population de Chécy, continue M. de Molandon, a eu la bonne inspiration de comprendre que ces souvenirs historiques, si modestes qu'ils fussent, étaient pour elle un précieux héritage qu'elle devait recueillir et honorer. »

Je crois bien que si la population de Chécy a si bien compris les choses, c'est que quelqu'un les lui aura fort bien expliquées, et, ce quelqu'un, c'est celui que le compte rendu ne nomme pas, et que tout le monde a deviné.

Mais les ressources d'une commune rurale sont modiques ; comment solenniser dignement les grands souvenirs de la Pucelle ? « Ah ! reprend M. de Molandon, il n'y avait qu'un sûr moyen de conserver à cette fête le caractère de dignité qui en devait être inséparable, c'était de la placer sous l'égide de la religion qui possède le privilège d'ennoblir tout ce qu'elle protège. »

C'est ce que les habitants de Chécy ont fait, et on ne saurait trop les en louer. Depuis 1855, chaque année, un cortège composé du clergé, des autorités civiles, des enfants des écoles portant des bannières, se forme à l'église où un discours est prononcé, et l'on va de là faire une station à la croix de Reuilly, située au seuil du vieux domaine.

En 1892, plus de trente-cinq ans après sa fondation, cette touchante cérémonie, toujours en usage, eut un éclat inaccoutumé. M. de Molandon avait fait ériger, à la place de la modeste croix de Reuilly, une croix monumentale en granit de Bretagne, de 6 mètres d'élévation. Le 24 avril eut lieu la bénédiction solennelle de ce monument, par notre vénéré collègue M. l'abbé

Desnoyers, vicaire général, postulateur pour le diocèse d'Orléans de la béatification de la Pucelle d'Orléans.

Sur le soubassement de la croix s'appuient deux socles superposés, dont le plus élevé porte diverses inscriptions rappelant les patriotiques souvenirs que cette croix est destinée à perpétuer. Sur la face nord, on lit ces simples mots :

« Croix de Reuilly, érigée en souvenir de Jeanne d'Arc, le 24 avril 1892. »

Il reste, pour les compléter, un nom à inscrire, c'est celui que le généreux fondateur de la fête de Jeanne d'Arc à Chécy n'a pas voulu rappeler. On ne grave pas soi-même son nom sur la pierre ou sur le marbre ! Aujourd'hui c'est aux habitants de Chécy, à sa famille, à ses amis, qu'incombe cette tâche, j'allais dire ce devoir. — Ils n'y failliront pas, car ce devoir c'est la reconnaissance qui l'impose.

VI

Quand on s'éprend de Jeanne d'Arc, quand on veut étudier sa vie et sa mission en détail, il y a un fait qu'on ne saurait trop approfondir, parce qu'il domine tout, c'est le siège et la délivrance d'Orléans.

Les premières paroles de M. de Molandon parmi nous avaient été pour Jeanne d'Arc, son premier mémoire important concernera le siège d'Orléans. C'est dans la séance du 14 août 1857 qu'il en fit la lecture.

En étudiant l'investissement d'Orléans par les Anglais, c'est-à-dire les travaux aussi bien défensifs qu'offensifs construits par eux autour de la ville, on est surpris d'une lacune de près de trois kilomètres existant entre la bastille Saint-Pouair (Saint-Paterne), et la bastille de Saint-Loup. Cette trouée correspond aux divers débouchés de la forêt vers la ville.

Précisément dans cette direction, à environ quatre kilomètres de la ville, entre les routes de Neuville (par Saint-Lyé) et de

Chanteau. M. de Molandon découvrit les vestiges d'un ouvrage militaire important, situé au lieu de l'Hermitage, commune de Fleury-aux-Choux. Ils consistaient :

En un mamelon central entouré de fossés profonds ;

En une seconde ligne enveloppant la première, intacte au nord et à l'ouest, mais ne laissant plus voir au sud et à l'est que les restes des fossés primitifs ;

En un fossé large et profond, parallèle à la ligne du nord ; mais d'une faible longueur relative ;

En une tranchée large et profonde, courant de l'est à l'ouest, sur 400 mètres de longueur.

M. de Molandon a vu dans ces ouvrages une bastille construite par les Anglais pour compléter l'investissement de la ville, et il a développé sa thèse dans un long mémoire qui a pour titre : *Études sur une bastille anglaise du XVe siècle, retrouvée en la commune de Fleury, près Orléans* (1).

Ce travail se distingue par une grande clarté d'exposition, des divisions bien comprises, de nombreuses citations.

Les principaux arguments de l'auteur sont la nécessité d'un ouvrage entre les bastilles de Saint-Pouair et de Saint-Loup, la dénomination de *camp aux Anglais*, disparue aujourd'hui, mais donnée au XVIIe siècle à ces retranchements, un passage du journal du siège déclarant que les Anglais s'étaient logés aux environs de Fleury-aux-Choux, l'énumération des bastilles, enfin d'autres considérations tirées des mouvements opérés, tant par les assiégeants que par les assiégés.

Deux planches, exécutées avec soin, accompagnent ce travail et en facilitent l'intelligence. L'une d'elles a été reproduite par M. Wallon, dans l'édition illustrée de sa *Jeanne d'Arc*.

Cette découverte fit quelque bruit. Le journal *L'Orléanais* en publia, dans les numéros des 12 et 14 octobre 1858, sous la signature de M. Alexandre Godou, un compte rendu élogieux et développé. La Société archéologique, de son côté, nomma une Commission qui se transporta sur les lieux, et, après un examen

(1) *Mémoires de la Société archéologique de l'Orléanais*, t. IV.

minutieux, chargea M. Collin, ingénieur en chef, de présenter ses conclusions.

Sans être aussi affirmatif que l'auteur, le savant rapporteur fit remarquer que la Commission ne prétendait pas démontrer que les ouvrages, situés au nord de Fleury, faisaient nécessairement partie du système des ouvrages militaires construits par les Anglais en 1428-1429 : « elle n'affirmait pas, disait-il, et ne saurait affirmer... les contemporains du siège ne nous ayant laissé que des documents incomplets... « mais, ajoutait-il, si « l'on admet que des ouvrages ont été élevés par les Anglais au « nord de Fleury, ils devaient avoir avec ceux que M. de Mo- « landon a signalés, une telle ressemblance, qu'il est raison- « nable de croire, au moins jusqu'à preuve contraire, à leur « identité. »

La preuve contraire a-t-elle été faite ? Il me semble difficile de l'admettre ; mais il faut bien reconnaître que ni M. de Molandon, ni M. Collin, n'ont convaincu tout le monde.

Après avoir paru se rallier à l'opinion de M. de Molandon, en insérant son plan dans l'édition illustrée de sa *Jeanne d'Arc*, M. Wallon, dans une 5e édition, s'est ravisé. Il le combat dans une argumentation serrée, développée dans des appendices où il analyse et discute savamment les récents travaux et les nouvelles découvertes intéressant son sujet et particulièrement ceux de nos collègues Loiseleur, de Molandon, etc.

Un de ses principaux arguments, celui qui a été le plus souvent invoqué, c'est l'éloignement de la bastille. « Si ces ouvrages n'étaient pas là, dit-il, on n'éprouverait pas le besoin de les y chercher. » C'est possible, mais ils y sont, et on éprouve le besoin de les expliquer.

Finalement il se rattache à l'opinion formulée par M. Quicherat (il ne dit pas où ?) qui assignerait à ces retranchements une origine toute romaine.

M. Vergnaud-Romagnési, lui, prétend que les mêmes ouvrages sont contemporains de l'occupation d'Orléans par les protestants pendant les guerres de religion, et qu'il faut en rattacher l'exécution à l'ensemble des opérations militaires exécutées alors autour de la place. Il ne diffère que d'une quinzaine de siècles (!) avec MM. Quicherat et Wallon.

Orléanais par ses études, l'archiviste du Loiret, M. Doinel, un enthousiaste aussi de Jeanne d'Arc, a paru derrière le retranchement pour défendre la place. Dans une conférence publique, il a résolument pris parti pour ce qu'il appelle la science locale contre la science parisienne et académique, « qui n'a rien pu voir, comme il le dit ironiquement, qu'avec une lunette d'approche. »

Chaque fois que l'on ne s'entend pas, il y a matière à accommodement. En voici un, entre autres, très acceptable, proposé par l'auteur, que nous connaissons bien tous, d'un article signé des initiales A. de B., qui a paru dans le *Patriote orléanais*, et dans lequel l'état de la question est exposé avec beaucoup de lucidité. — « Si ce sont les Romains, y est-il dit, qui ont établi ces ouvrages encore si bien conservés aujourd'hui, les Anglais les ont trouvés en 1429 à l'état utilisable et s'en sont servis. » — Pourquoi pas ? — Et l'auteur de l'article ajoutait avec quelque scepticisme : « Si la bastille de Fleury n'existait pas, pour l'honneur des Orléanais et de Jeanne d'Arc, il faudrait l'inventer. »

En somme, la bastille de M. de Molandon a été assiégée. On y a fait brèche ; mais elle résiste et demeure. Pour l'emporter d'assaut, il eût fallu que les assaillants missent plus d'unité et d'ensemble dans leur attaque.

M. de Molandon, dans ce premier travail sur le siège d'Orléans, avait été naturellement amené à toucher quelques questions vivement controversées, telles que le complet investissement de la ville, et le chemin suivi, pour y pénétrer, par le convoi de ravitaillement amené de Blois par la Pucelle. Il les a traitées magistralement dans un excellent ouvrage intitulé : *Première expédition de Jeanne d'Arc. — Le ravitaillement d'Orléans.*

« On sait comment Jeanne d'Arc entra dans Orléans, dit M. Wallon, tous les textes sont d'accord. Comment y fit-elle entrer le convoi qu'elle amenait? C'est un point sur lequel ils varient. M. de Molandon les a rapprochés et discutés dans un savant traité intitulé, etc. (1). »

Et l'éminent membre de l'Institut, qui ne se cache pas d'avoir beaucoup emprunté à notre confrère, ajoute : « Ici encore il y a beaucoup à prendre, il y a quelque chose à laisser dans les conclusions. »

Quelque chose à laisser! C'est possible.

Dans un ouvrage comme celui-ci, où il y a tant à puiser, ce que l'un laisse, l'autre le prend ; ce que le premier dédaigne, le second le recueille.

« Je n'ai pas la présomptueuse pensée, disait d'ailleurs M. de Molandon, d'apporter des solutions certaines et incontestées à ces problèmes historiques sur lesquels sont divisés mes éminents prédécesseurs. Je viens seulement offrir à leur appréciation l'humble tribut de mes laborieuses études. »

Et il continuait quelques lignes plus bas : « J'ai passé ma vie aux lieux où se sont accomplis ces grands faits historiques, et peut-être me sera-t-il permis de dire que l'examen attentif et journalier des localités a parfois, pour les plus modestes observateurs, des révélations que les plus savantes théories ne suppléent pas toujours. »

A l'examen attentif des lieux, M. de Molandon a joint le dépouillement consciencieux et intelligemment fait de titres inexplorés ou imparfaitement compulsés. Par leur production, il prouve que le premier convoi de ravitaillement, arrivé de Blois aux îles de Chécy, descendit par *bateaux* jusqu'aux fossés de la porte Bourgogne: que par conséquent ce convoi arriva sous les murs de la ville par la voie d'eau et non par la voie de terre, comme l'ont prétendu M. Jollois, et après lui, de graves historiens modernes. Il conclut également au complet investissement de la ville, à un véritable blocus ; ce qui ne veut pas dire, j'imagine, qu'on n'ait jamais pu pénétrer dans la ville par surprise ou

(1) *Mémoires de la Société archéologique et historique de l'Orléanais*, t. XV, p. 1. Une mention spéciale a été attribuée à cet ouvrage par l'Académie des inscriptions et belles-lettres.

par ruse, ou peut-être de vive force. Les faits sont là pour le prouver.

Je signalerai dans ce remarquable travail d'intéressants chapitres sur le cours de la Loire au XVe siècle entre Chécy et Orléans, le trajet par la Sologne du convoi de vivres, le séjour de Jeanne d'Arc à Reuilly. Un plan et de nombreuses pièces justificatives, la plupart inédites et provenant du cabinet même de l'auteur, sont annexés au texte qu'ils appuient et corroborent.

Concentrant toujours ses recherches et ses études sur le même point historique, M. Boucher de Molandon avait communiqué, en 1876, à la Société archéologique, un certain nombre de titres relatifs au siège d'Orléans, et plus particulièrement à la constitution de l'armée anglaise. Deux années après, au Congrès des sociétés savantes, à la Sorbonne, il lisait un mémoire destiné à servir d'introduction à ces documents et ayant pour titre : l'*Armée anglaise au siège d'Orléans. — Documents inédits.*

A la suite de nouvelles découvertes, de l'enrichissement progressif de sa collection privée, il comprit qu'il fallait donner une base plus large et des développements plus considérables à son premier travail. Il s'occupait de sa refonte entière, lorsqu'un heureux événement, dans sa famille, vint lui assurer un précieux et dévoué concours, en même temps qu'une aide efficace, que le poids des années, bien que vaillamment porté, devait lui faire doublement apprécier.

Son neveu, M. le baron Adalbert de Beaucorps, après avoir donné sa démission de capitaine d'infanterie, avait épousé Mlle de Montardy, appartenant à une excellente famille du Midi, puis était venu se fixer à Orléans. Il apportait, outre le contingent, fort utile en pareil cas, de ses connaissance techniques, un goût très prononcé pour les études historiques avec ce qu'il faut pour les mener à bien. Déjà il avait collaboré à un mémoire purement archéologique, rédigé par M. de Molandon sur des objets trouvés en fouillant un tumulus, situé sur sa terre de Reuilly.

C'est l'œuvre commune de ces deux auteurs qui a paru, en 1893, sous ce titre : l'*Armée anglaise vaincue par Jeanne d'Arc sous les murs d'Orléans* (1).

Les historiens jusqu'ici, obéissant à un sentiment patriotique facile à comprendre, avaient concentré presque exclusivement leurs recherches sur l'armée française, sur les braves défenseurs de notre cité. Personne n'a oublié, dans cet ordre d'idées, l'ouvrage de notre savant colègue, M. Loiseleur, sur les dépenses faites par Charles VII pour secourir la ville d'Orléans.

La contre-partie en quelque sorte des renseignements qu'il donne se trouve dans le travail de MM. de Molandon et de Beaucorps.

Ils fournissent les détails les plus neufs et les plus circonstanciés, appuyés par des documents d'une autorité incontestable, sur l'état général des forces anglaises, la composition des troupes en fantassins et cavaliers, *la lance*, les corps spéciaux d'artilleurs, mineurs et ouvriers, les montres ; puis ils énumèrent les sources des revenus et le montant des dépenses faites pour solder ces troupes, ainsi que les frais accessoires nécessités par un siège long et laborieux.

Des documents d'une importance capitale pour un tel sujet, c'étaient les comptes de Pierre Sureau, receveur de Normandie, signalés par M. de Beaurepaire qui en avait même publié plusieurs extraits. On serait sans doute étonné de ne pas les rencontrer ici, où ils avaient leur place naturelle. Il me suffira de faire remarquer que la partie qui concerne plus particulièrement le siège a été l'objet d'une publication spéciale faite avec le plus grand soin, dans le même volume de nos mémoires, par notre confrère M. Jarry, sous le titre de *Compte de l'armée anglaise au siège d'Orléans.*

MM. de Molandon et de Beaucorps ont introduit dans leur ouvrage deux chapitres pleins d'intérêt exclusivement consacrés aux opérations de l'armée anglaise devant Orléans. Puis, à

(1) *Mémoires de la Société archéologique et historique de l'Orléanais*, t. XXIII.

l'aide de calculs minutieux, ils arrivent à fixer l'effectif des troupes, à la charge des finances de Normandie, à 2,768 combattants; ce qui donnerait, avec les troupes à la charge des finances de France, un total d'environ 5,536 combattants du côté des assiégeants. Quant à la dépense, ils l'évaluent à la somme colossale de 440000 livres, tout en reconnaissant que, pour ces chiffres, il ne s'agit pas d'arriver à une rigoureuse exactitude, impossible à obtenir, mais à des estimations se rapprochant, autant que possible, de la vérité.

Il y a dans cette publication une somme de travail énorme, des chapitres attrayants en dépit de l'aridité qui pouvait résulter de l'accumulation et de la discussion des chiffres, des considérations sur le rôle et la portée de l'artillerie et des autres armes qui accusent une plume toute militaire, enfin, comme toujours, un grand luxe de pièces justificatives et de documents désormais acquis à l'histoire et mis à la portée de tous.

En décernant une mention honorable aux auteurs, l'Institut de France a bien fait; il eût pu mieux faire, sans cesser d'être juste. Cet ouvrage a été, en outre, l'objet d'une souscription flatteuse de la part du Ministère de la guerre.

Pour compléter l'analyse, si pâle qu'elle soit, des travaux de M. de Molandon concernant le siège d'Orléans, il ne me reste plus qu'à en mentionner deux qui ont plus spécialement pour but l'étude de textes contemporains.

Dans le premier (1), assez bref, l'auteur rectifie la lecture faite par l'abbé Dubois, MM. Jollois et Quicherat, d'une note inscrite sur son registre de minutes par un notaire au Châtelet, Guillaume Giraut. Ce dernier, encore sous le coup de l'émotion des événements qui venaient de s'accomplir sous ses yeux, avait eu l'heureuse pensée de consigner, le 9 mai 1429, le récit sommaire des journées des 4, 7 et 8 mai.

Rapidement écrite, comme l'indiquent les abréviations, les ratures et les surcharges qui y abondent, cette note présentait

(1) *Mémoires de la Société archéologique de l'Orléanais*, t. IV.

des difficultés de lecture que M. de Molandon, avec le concours de son confrère, M. de Vassal, alors archiviste du Loiret, a heureusement résolues. En rectifiant les erreurs de ses prédécesseurs, il a eu le bon esprit d'ajouter à ses observations un fac-simile, qui permet à chacun de contrôler la version nouvelle qu'il fournit. Dois-je ajouter que sa lecture diffère, pour deux mots seulement, de celle que M. Wallon prête à M. Léopold Delisle qui a lu *II paires de fossés* et non *II parties de fossés ?*

La seconde notice, qui a les proportions, l'intérêt et la solidité d'un véritable mémoire, concerne une chronique anonyme du XVe siècle relatant la délivrance d'Orléans et l'institution de la fête du 8 mai (1).

La première version avait été découverte, en 1847, à la bibliothèque du Vatican par M. Salmon, élève de l'École des Chartes, alors en mission à Rome. Elle avait été par lui reproduite, dans la Bibliothèque de l'École des Chartes, puis par M. Quicherat dans le cinquième volume de son recueil. Cet écrit anonyme complétait souvent, rectifiait parfois le *Journal du Siège*.

Grâce à M. de Molandon, nous en possédons maintenant une seconde version qui fournit avec la première des points de comparaison intéressants.

Notre confrère avait remarqué, dans un catalogue des manuscrits de la Bibliothèque impériale de Saint-Pétersbourg dressé au cours d'une mission par M. Gustave Bertrand, la mention d'une copie du *Journal du Siège*, suivie d'une chronique qui lui semblait devoir être identique à celle du manuscrit du Vatican. Il se mit immédiatement en rapport avec MM. Gustave Bertrand et Bytscholf, conservateur général de la Bibliothèque impériale de Saint-Pétersbourg et acquit bientôt la certitude de la conformité des deux textes. Grâce à une copie fournie par l'érudit paléographe, trop tôt enlevé à la science, il put mettre en regard les textes fournis par le Vatican et Saint-Pétersbourg.

Notre savant confrère, M. Bailly, s'est livré, à la prière de

(1) *Mémoires de la Société archéologique et historique de l'Orléanais*, t. XVIII.

M. de Molandon, à la comparaison des deux textes au point de vue de la langue, et il lui a remis, pour être insérées dans sa publication, les curieuses observations philologiques qu'il a relevées. Les deux manuscrits seraient les copies d'un original aujourd'hui disparu ; la copie du Vatican doit être généralement plus exacte et daterait de la fin du XVe siècle; celle de Saint-Pétersbourg appartiendrait à la première moitié du XVIe siècle.

Restait à déterminer l'auteur de la chronique. MM. Quicherat et Vallet de Viriville avaient déjà signalé « prématurément », comme pouvant en être le rédacteur, un certain Jean de Mascon, « docteur et sage homme qui avait, le 3 mai, parlé à Jeanne dans la cathédrale d'Orléans ». Mais ce nom avait subi des altérations (Masson, *de Laverdy ;* Maçon, *Quicherat*) qui en rendaient l'identification fort difficile. Le personnage restait donc enveloppé d'un nuage épais ; Quicherat en avait même fait deux individualités distinctes.

M. de Molandon, dans une argumentation serrée et à l'aide de pièces extraites des archives de l'Évêché et du département, a dissipé ce nuage. Il propose, avec une vraisemblance qui touche de bien près à la certitude, d'attribuer la chronique à Jean de Mascon, *Johannes de Matiscone*, docteur en notre Université, chanoine et sous-chantre de l'Église d'Orléans. Il venge ainsi le clergé orléanais de cette remarque, quelque peu maligne sans doute, qu'aucun de ses membres ne se rencontrait dans l'unanime concert de gratitude et de respect s'élevant de toutes parts autour de la Pucelle.

VII

Après le siège d'Orléans, un autre point historique avait toujours préoccupé M. de Molandon, c'était la reconstitution exacte de la famille de Jeanne d'Arc, la descendance régulièrement établie de ses père et mère, Jacques d'Arc et Isabelle Romée, puis le séjour de plusieurs membres de sa famille dans l'Orléanais, où les avait attirés la vive reconnaissance exprimée par les habitants.

Les principaux auteurs qui avaient traité ce sujet étaient, jusqu'ici : Étienne Pasquier, dans ses *Recherches de la France* ; Charles du Lis, descendant d'un frère de la Pucelle, dans son *Traité sommaire*, et plus récemment Vallet de Viriville, qui, après avoir publié, en 1854, de *Nouvelles recherches sur la famille et sur le nom de Jeanne d'Arc*, avait réédité en 1856 et enrichi de notes intéressantes le texte même du *Traité sommaire* devenu de toute rareté. Malheureusement, ces diverses publications contenaient de graves erreurs, la plupart échappées à Charles du Lis, qui s'était laissé entraîner par certains sentiments d'amour-propre bien excusables, mais auxquelles sa parenté et l'époque à laquelle il écrivait, ne donnaient que trop d'autorité.

M. de Molandon a fait justice de toutes ces inexactitudes dans son mémoire intitulé : *La famille de Jeanne d'Arc, son séjour dans l'Orléanais* (1). Il a mis là en œuvre avec habileté et sagacité les titres nouvellement découverts tant par lui que par l'archiviste du Loiret, M. Doinel, qui, ne se renfermant pas dans les limites de son dépôt, avait poursuivi ses investigations dans les vieilles minutes des notaires.

Un acte de notoriété, de 1502, retrouvé par M. de Molandon aux Archives nationales, et communiqué au Congrès des Sociétés savantes, à la Sorbonne, dans la séance du vendredi 6 avril 1877, fut particulièrement apprécié. Le rapporteur, M. Hippeau, s'exprimait ainsi :

« Un acte authentique d'enquête et de notoriété, du 16 août 1502, conservé aux Archives nationales, retrouvé et reproduit en son mémoire par M. Boucher de Molandon, fournit sur les frères et les sœurs de Jeanne d'Arc des notions contraires à celles qui, jusqu'à présent, avaient été acceptées... De toutes ces recherches découlent, soit sur les membres de la famille de

(1) *Mémoires de la Société archéologique et historique de l'Orléanais*, t. XVII. L'Académie des inscriptions et belles-lettres a décerné une récompense à l'auteur.

Jeanne d'Arc, qui, durant près de trois quarts de siècle, vinrent vivre et mourir dans la banlieue d'Orléans, soit sur ses frères et sœurs, qui demeurèrent à Domremy, des notions inattendues dont l'exposition a d'autant plus vivement intéressé l'auditoire, qu'elles s'appuient sur des actes authentiques, des contrats, des enquêtes, dont l'auteur a su tirer partie de la manière la plus heureuse. »

Les principaux points, acquis désormais pour l'histoire, sont :

1° Que Jacquemin d'Arc, l'aîné de la famille, contrairement à Charles du Lis et à Vallet de Viriville, se serait marié et aurait eu au moins une fille ;

2° Que Pierre du Lis, troisième enfant de Jacques d'Arc et d'Isabelle Romée, n'avait jamais eu qu'une seule épouse, Jeanne Baudot, et qu'un fils unique ;

3° Que Catherine, sœur de la Pucelle, qu'on croyait être morte célibataire, s'était mariée à Colin Le Maire ;

4° Que Jean, frère des précédents et bailli de Vermandois, eut trois enfants ;

5° Qu'il est douteux, sinon impossible, qu'Hauvy ou Helwide du Lis ait été fille de Messire Pierre, qui n'avait qu'un enfant, Jean, dit la Pucelle, seigneur de Villiers.

Malgré la solidité de ces conclusions si positivement établies, telle était la foi accordée aux assertions de Charles du Lis, que sa thèse relative à la prétendue descendance du troisième frère de la Pucelle, fut encore une fois mise en circulation dans un article publié par l'*Annuaire du Conseil héraldique de France*. La réponse de M. de Molandon rétablissant la vérité ne se fit pas attendre et parut bientôt sous la forme d'une lettre adressée à M. le président du Conseil héraldique de France.

MM. E. de Bouteiller et C. de Braux, qui s'étaient eux-mêmes, à l'origine, complètement rangés sous la bannière de Charles du Lis, reconnurent, par quelques pages intercalées avec une égale impartialité dans leur ouvrage sur *La famille de Jeanne d'Arc*, que les documents mis en lumière par notre confrère rendaient définitivement inadmissible le système qu'ils avaient d'abord indulgemment accueilli.

Je signalerai, parmi ces documents, le bail emphytéotique de la ferme de Bagneaux, consenti par le chapitre de Sainte-Croix à Pierre du Lis (1), les lettres constatant la donation de l'Ile-aux-Bœufs à Pierre du Lis, le 28 juillet 1443, par Charles duc d'Orléans, pièce publiée une première fois par M. Henri de Montereymar, puis par la Société archéologique de l'Orléanais ; une série d'enquêtes et d'informations des plus curieuses faites aux XVe et XVIe siècles, sur Jeanne d'Arc et sa famille.

Trois tableaux généalogiques terminent l'ouvrage. Le premier est dressé d'après le traité sommaire de M. Vallet de Viriville ; le second rétablit la filiation de la descendance de Jacques d'Arc, et d'Isabelle Romée ; le troisième est consacré à la descendance de Jean de Vouthon, frère d'Isabelle.

D'intéressants articles faisant ressortir, mieux que je n'ai su le faire ici, la valeur du travail, ont été publiés, entre autres dans le *Journal du Loiret* du 8 mars 1879, par M. Jules Doinel, et dans *l'Avenir du Loiret*, du 7 mars, par Mlle A. de Villaret.

Dix ans plus tard, M. de Molandon complétait en quelque sorte ses recherches sur la famille de Jeanne d'Arc, en exhumant un oncle de la Pucelle, oublié depuis quatre siècles. Par un heureux hasard, l'infatigable archiviste du Loiret avait retrouvé dans les minutes de Me Regnault, notaire à Orléans, deux actes du 6 septembre 1460, dans lesquels figurait *Mangin de Vouthon*, se disant *natif de Vouthon en Lorraine et oncle de feue Jeanne la Pucelle*. Dans le premier, ce personnage vendait un petit domaine qu'il habitait au quartier de Luminart, paroisse de Saint-Denys-en-Val ; dans le second, il se rendait locataire de ce même domaine.

Avec quelle émotion M. de Molandon constate que précisément au domaine de Luminart demeurait Pierre du Lis, troisième frère de la Pucelle ! Que tout près de là, était le domaine du Mont, que Pierre avait donné en dot à Marguerite du Lis, sa

(1) La maison occupée par Pierre du Lis existe encore, commune de Sandillon. M. le comte Baguenault de Puchesse, président de notre Société, qui en est aujourd'hui propriétaire, a fait placer sur le pignon une plaque commémorative.

nièce, et où elle demeurait avec son mari, Antoine de Brunet et leurs enfants.

« Des relations d'affectueuse amitié, continue-t-il, avaient dû inévitablement s'établir entre ces trois familles issues des mêmes contrées vosgiennes, unies par le triple lien de l'origine, du voisinage et de la parenté. »

Tous ces rapprochements sont ingénieusement établis dans l'opuscule intitulé : *Un oncle de Jeanne d'Arc, depuis quatre siècles oublié* (1).

Une autre question sur laquelle les historiens n'étaient pas d'accord, et qui a bien son intérêt, est traitée et résolue dans le travail qui a pour titre : *Jacques d'Arc, père de la Pucelle, sa notabilité personnelle* (2).

Tandis que quelques-uns persistaient à soutenir que la condition sociale de la famille de Jeanne d'Arc était des plus humbles, presque voisine de la pauvreté, d'autres inclinaient, au contraire, à croire que ses parents étaient favorisés d'une assez large aisance, et se seraient même rattachés, par de lointaines origines, à la noblesse du pays.

Cette dernière prétention ne paraît pas à M. de Molandon pouvoir être justifiée. Mais il établit que Jacques d'Arc jouissait dans son pays d'une certaine notoriété, indiquant au moins une modeste aisance. Il reproduit à l'appui de sa thèse deux actes judiciaires, alors récemment publiés par la *Société d'archéologie lorraine*, dans lesquels Jacques d'Arc comparaît avec les notabilités de la contrée. Il rapproche ces textes de diverses réponses de témoins, cités dans le procès de réhabilitation qui établissent que les père et mère de Jeanne étaient de bons et religieux cultivateurs, *boni laboratores et fideles catholici*, qu'ils étaient peu riches, à la vérité, *parum divites*, mais qu'ils possédaient un foyer paternel, *paternam domum*, des chevaux et des troupeaux que Jeanne menait aux champs, *patris gubernabat animalia et equos*.

(1) *Mémoires de la Société archéologique et historique de l'Orléanais*, t. XXIII.

(2) *Ibid.*, t. XX.

En rappelant la note de M. de Molandon sur la *maison de Jeanne d'Arc à Domremy*, son rapport sur un texte découvert par M. Léopold Delisle, dans un manuscrit de la bibliothèque vaticane, et relatant le témoignage d'un clerc contemporain relatif à la mission de Jeanne d'Arc (1), en mentionnant la communication qu'il fit au Comité des travaux historiques, en 1891, d'un document concernant Guillaume Érard, l'un des juges de Rouen (2), j'aurai, si je ne me trompe, terminé l'analyse des travaux inspirés à notre confrère par son culte pour la Pucelle (3).

Bien que disséminés au milieu de beaucoup d'autres, si l'on examine la date à laquelle ils ont paru, ces travaux embrassent, pour ainsi dire, le cours entier de la vie d'étude de leur auteur. Je les ai groupés ici, parce que, réunis en un faisceau, ils forment un remarquable ensemble, et font mieux ressortir l'appoint considérable qu'ils apportent à l'une des pages les plus émouvantes de notre histoire nationale en même temps que l'influence légitime qu'ils ont eue sur l'introduction en cour de Rome de la cause de la vénérée Pucelle.

Plus que partout, l'excellente méthode de travail de l'auteur s'y révèle : la recherche patiente des documents originaux, leur étude et leur critique, leur mise en œuvre sans idée préconçue ; puis la publication intégrale et paléographique des textes inédits ou rares, avec l'indication précise des sources.

Il ne sera plus permis aujourd'hui d'écrire sur aucun des sujets traités par M. de Molandon sans recourir aux *Mémoires* de notre Société, sous peine de ne plus être à la hauteur des plus récentes découvertes.

N'était-il pas juste que de la ville d'Orléans vînt une lumière plus vive sur le siège qu'elle a soutenu, et la libératrice qui l'a sauvée !

(1) *Bulletin n° 129 de la Société archéologique et historique de l'Orléanais.*

(2) *Ibid.*

(3) *Bulletin historique et philologique du Comité des travaux historiques, année 1891.*

VIII

Après avoir rappelé la publication des remarquables travaux de M. Boucher de Molandon sur Jeanne d'Arc, j'arrive à un événement important dans la vie de notre Société, et qui vint mettre en relief, par la part qu'il y prit, les traits saillants du caractère de notre regretté confrère, une infatigable activité, une persévérance à toute épreuve, une générosité sans égale. Je veux parler de notre installation dans la salle où nous sommes en cet instant réunis.

Lorsque la Société archéologique fondée, le 23 janvier 1848, dans le cabinet de M. l'abbé Desnoyers, se fut définitivement constituée, le 28 février 1849, elle erra quelque temps, se réunissant, soit chez son président, soit dans une salle de la Bibliothèque publique de la ville.

Elle désirait être chez elle ; rien de plus naturel.

M. Péreira, préfet du Loiret, eut alors la courtoisie de mettre à sa disposition un appartement situé au rez-de-chaussée de son vaste hôtel. Cette offre fut acceptée avec empressement.

Sans manquer à la reconnaissance imposée par les lois sacrées de l'hospitalité, il est bien permis de reconnaître que l'installation était loin d'être brillante.

On entrait, il est vrai, par la cour d'honneur de la Préfecture; mais il fallait bientôt s'engager dans une cour de service où se trouvaient les remises et les écuries, entrer dans un corridor débouchant sur le jardin, longer un escalier à la massive rampe de bois vermoulu, suivre un autre corridor au bout duquel on arrivait enfin à deux pièces, dont l'une servait de salle pour les séances, l'autre de dépôt pour les livres et les collections. Ces chambres faisaient partie d'une aile de l'ancienne abbaye bénédictine. Elles étaient éclairées par deux fenêtres donnant sur le jardin, et étaient loin d'avoir la hauteur d'étage des appartements établis dans le principal corps de bâtiment.

Ce local devint bientôt insuffisant, en raison du développement de la Société et de l'accroissement de ses collections. D'ailleurs, bien que tous les préfets qui se succédèrent lui en laissassent la jouissance à titre gracieux, il pouvait à chaque moment être retiré pour des besoins du service administratif.

Un incident, qui devait amener la démolition de l'un des plus curieux édifices de notre ville, vint au contraire, par un heureux retour du sort, en assurer la conservation, en dotant la Société d'une installation que, dans ses rêves les plus ambitieux, elle n'eût jamais osé espérer.

La façade de l'abbaye bénédictine, le mur qui lui servait de clôture sur la rue, la porte en bois, munie encore d'attributs religieux sculptés sur le tympan, parurent un beau jour au Conseil général peu dignes de l'hôtel qui abritait le représentant du gouvernement impérial.

Il décida qu'on plaquerait, devant l'ancienne, une nouvelle façade en pierre de taille, et qu'on remplacerait le mur de clôture par une grille en fer.

On ne s'arrêta pas en si beau chemin, et, le 24 juin 1862, M. le Préfet du Loiret exposa à l'autorité municipale d'Orléans que l'œuvre du Conseil général serait incomplète, si la ville n'ouvrait une place devant la façade principale de l'hôtel. Le Conseil municipal, s'associant aux vues de M. le Préfet, décida, le 11 août 1862, la création d'une place rectangulaire de 30 mètres de large sur 16m 40 environ de profondeur.

Par malheur, dans le périmètre de la place à ouvrir se trouvait comprise en partie l'ancienne *salle des thèses* de l'Université d'Orléans, vaste salle voûtée, divisée en deux nefs par des colonnes, et éclairée par des fenêtres ogivales. Elle était donc destinée à disparaître.

Grand fut l'émoi de la Société archéologique si justement jalouse de la conservation des monuments historiques de notre vieille cité. Son président, M. Mantellier, fut immédiatement prié d'adresser des lettres de protestation au Préfet et au Maire, et de représenter la Société dans les enquêtes administratives qui allaient s'ouvrir, en s'opposant énergiquement à tout projet entraînant la démolition du dernier vestige de l'Université. En même temps il était décidé qu'une démarche officieuse, dans le même sens, serait tentée auprès du propriétaire du monument, M. Chevrier, conseiller à la cour impériale d'Orléans.

Ces premiers efforts furent couronnés d'un succès relatif. On chercha à concilier la création de la place avec la conservation du monument. Des projets et contre-projets se succédèrent jusqu'en 1868. Enfin, on gagnait du temps, c'était déjà quelque chose.

Mais tout à coup, le 29 août 1868, le Conseil général, revenant à son premier projet, décida que le Maire d'Orléans serait invité à prendre les mesures nécessaires pour l'ouverture de la place et la démolition de la salle des Thèses, sauf à transporter les parties de ce monument « vraiment intéressantes pour l'art et l'histoire » (*sic*), soit dans les musées de la ville, soit en tout autre lieu que l'administration municipale déterminerait.

Ce vote inattendu du Conseil général raviva les justes inquiétudes de la Société archéologique. Dès la reprise de ses séances, après leur suspension habituelle pendant les mois de septembre et d'octobre, le 13 novembre 1868, M. Boucher de Molandon, alors président, fit part, dans les termes les plus émus, de l'imminence du danger. Il fut immédiatement chargé de se pourvoir tant auprès de l'administration préfectorale et municipale que de l'autorité supérieure, et de ne rien épargner pour sauver le monument menacé.

L'affaire était dès lors en bonnes mains et allait entrer dans une phase nouvelle. D'abord M. de Molandon comprit que le meilleur moyen d'intéresser à la conservation d'un monument c'était d'en faire connaître l'histoire. Il chercha, remua, fouilla, et secondé par M. Maupré, alors archiviste du Loiret, découvrit deux curieux documents, bien minces d'intérêt en apparence, mais qui ne pouvaient laisser de doute sur la date de l'érection du monument (1411); son possesseur et érecteur, l'Université d'Orléans; sa destination, celle de bibliothèque, ou *librairie*, comme l'on disait alors, pour l'usage de cette Université.

Avec cette sagacité dont il a toujours fait preuve dans le dépouillement des titres inédits et originaux, avec le charme habituel de sa plume, M. de Molandon rédigea un mémoire important destiné à être adressé à M. le Ministre de l'Instruction publique, pour être lu à la Sorbonne, au Congrès des Sociétés savantes qui devait s'ouvrir à la fin de mars 1869. Il avait fait faire à ses frais, par un habile et sympathique artiste de notre ville, Charles Pensée, cinq planches représentant la vue intérieure du monument, sa coupe et son plan géométral, ses principaux détails et le plan topographique de ses abords.

La lecture du mémoire eut lieu, à la Sorbonne, le 1er avril 1869, et donna lieu à un incident du meilleur augure pour la conservation de la salle des Thèses.

Par une heureuse fortune, au moment même où notre collègue prenait la parole, M. Duruy, ministre de l'Instruction publique, entra dans la salle. L'éminent président de la section d'archéologie, le marquis de Lagrange, sénateur, s'empressa de lui céder le fauteuil.

Le ministre écouta avec attention la lecture de M. de Molandon, suivant sur les plans, placés sous ses yeux, la description détaillée du monument, et adressant lui-même quelques questions à l'auteur, pour s'éclairer plus complètement.

La lecture terminée, il exprima en quelques chaleureuses paroles la profonde sympathie qu'au double titre de Ministre de l'Instruction publique et de chef de l'Université, il éprouvait pour la conservation d'un édifice si digne d'intérêt et de respect, et il promit d'y coopérer de tout son pouvoir, bien que l'affaire ne relevât pas directement de son ministère.

L'assemblée, composée en majeure partie des délégués des Sociétés savantes, applaudit chaleureusement.

Le bureau de la section, de son côté, prit acte des excellentes paroles du Ministre, en y adhérant par un ordre du jour motivé, signé du marquis de Lagrange, président de la section ; du baron de Guilhermy, vice-président ; de M. A. Chabouillet, secrétaire.

Placée désormais sous le haut patronage du Ministre de l'Instruction publique, du Comité des travaux historiques, et en quelque sorte des délégués des Sociétés savantes, la salle des Thèses était sauvée. Les graves événements de 1870-71 vinrent du reste faire remettre à une époque indéterminée, la création de la place projetée, et bientôt il n'en fut même plus question.

Mais tout n'était pas fait encore. Il fallait, suivant les expressions mêmes de M. de Molandon « acquérir ce vénérable débris de nos gloires orléanaises, le réintégrer dans le domaine public, d'où le vandalisme révolutionnaire l'avait fait violemment sortir ; il fallait pourvoir à sa restauration artistique, et lui assurer une destination qui protégeât son présent et son avenir. »

Ce fut vers ce but que convergèrent les efforts de la Société archéologique, de son président, M. de Molandon et de ceux qu'il avait gagnés à sa cause, entre autres le maire d'Orléans, M. Germon.

La combinaison adoptée fut celle-ci : La ville d'Orléans achèterait conjointement avec la Société archéologique la salle des Thèses. La première en aurait la nue propriété, la seconde l'usufruit et la jouissance, pour y établir le siège de son institution et y tenir ses séances. On entra en négociation.

La propriétaire actuelle, veuve du magistrat que nous avons nommé plus haut, était loin de méconnaître les titres du vénérable monument qui était sa propriété ; mais enfin ses intérêts personnels et pécuniaires étaient en jeu, et lorsqu'on lui fit demander à quel prix elle serait disposée à céder la salle des Thèses, elle éleva ses prétentions au chiffre respectable de 20.000 francs.

Dans l'état de délabrement du monument, ces prétentions parurent exagérées. De longues négociations s'ouvrirent avec la propriétaire d'un côté, avec la ville de l'autre. M. de Molandon se multiplia, recrutant des voix dans le Conseil municipal, promettant de venir de ses deniers personnels au secours de la Société, si l'appoint des faibles ressources dont elle disposait ne paraissait point suffisant à la ville.

En fin de compte, après une estimation faite par M. Noël, architecte départemental, Mme Chevrier, pressée, harcelée, apitoyée, réduisit ses prétentions à la somme acceptable de 10,000 francs, chiffre qui avait été approximativement fixé par l'architecte.

La ville offrait bien cinq mille francs nets, soit la moitié du prix. Où trouver le reste? La Société archéologique et historique ne possédait aucun capital; elle n'avait, comme aujourd'hui, pour subvenir aux frais de ses travaux et de ses publications que les cotisations de ses membres et les allocations qui lui étaient accordées par le Ministère de l'Instruction publique, le Conseil général et la ville d'Orléans. Malgré tout son bon vouloir, elle ne pouvait prélever sur son épargne plus de deux mille francs.

M. Boucher de Molandon, réalisant alors la promesse qu'il avait faite de venir à son aide, offrit généreusement de combler le déficit de trois mille francs, en le versant de ses deniers personnels, plus les frais. L'acte de vente put être alors réalisé et il fut rédigé comme il avait été convenu. Il attribuait la nue propriété du monument à la ville d'Orléans, l'usufruit et la jouissance à la Société archéologique et historique de l'Orléanais. Il fut définitivement sanctionné par la Société elle-même, dans sa séance du 29 décembre 1876.

Ce fut la dernière séance que présida M. de Molandon, arrivé à la limite de son mandat, aux termes des statuts de la Société.

En quittant le fauteuil de la présidence, il eut le bonheur de voir atteint le but de ses vœux les plus ardents, de ses efforts les plus persévérants. Le précieux monument qui faisait revivre parmi nous les grands souvenirs de notre glorieuse Université était enfin réintégré dans le domaine public, soustrait à tout danger de profanation et de ruine.

Il demeurait affecté à un usage digne en tous points, je ne crains pas de le dire, de sa destination première.

Ce fut M. Litsch, architecte des monuments historiques, qui fut chargé de fournir les plans et de diriger les travaux de restauration et de décoration du monument. Mais les crédits ouverts, tant par la ville que par le gouvernement, ne permirent pas d'exécuter complètement les plans projetés. Ainsi ne fut pas élevée la tourelle qui devait contenir l'escalier destiné à monter dans les vastes combles, lesquels sont demeurés inutilisables, malgré un urgent besoin, faute de moyens pour y accéder.

La Société archéologique eut de nouveaux sacrifices à faire. Il lui fallut abandonner gratuitement à la ville son droit d'usufruit qu'elle avait payé 5.000 francs, pour que cette somme fût employée à la restauration. Elle fut obligée de voter d'autres sommes pour la confection du mobilier.

Malgré tout cela, quand les travaux furent terminés, le mobilier acheté, toutes les subventions étaient épuisées et la caisse se trouvait vide. On s'aperçut alors que cette grande salle, avec ses voûtes élevées, allait devenir intenable l'hiver, si elle n'était chauffée : même au foyer de la science, on n'a pas chaud quand il gèle. Il fallait un calorifère, et on n'avait rien pour le payer.

Mais la Société archéologique avait sa providence, et M. Boucher de Molandon intervint, annonçant qu'il se chargeait des frais de l'établissement du calorifère. Ce fut pour lui une dépense d'environ mille francs qu'il ajouta aux trois mille qu'il avait déjà donnés.

Le 23 janvier 1882, eurent lieu l'inauguration de la salle des Thèses restaurée, rajeunie, et l'installation de la Société archéologique à laquelle la ville en abandonnait la jouissance pour une durée de trente ans moyennant un loyer annuel de un franc. La séance était présidée par M. le maire d'Orléans, ayant à ses côtés M. Bimbenet, alors président de la Société, et M. Chabouillet, représentant du comité des travaux historiques. On remarquait dans l'assistance Mgr Coullié, évêque d'Orléans ; M. Dumas, premier président de la Cour d'appel ; le secrétaire général remplaçant le préfet absent et de nombreux invités appartenant au clergé, à la magistrature, à l'armée, aux sociétés littéraires et artistiques d'Orléans.

Une médaille d'argent de grand module, destinée à perpétuer le souvenir de cette inauguration, a été offerte par M. de Molandon à notre Compagnie.

Ce sera un éternel honneur pour la Société archéologique d'avoir sauvé de la destruction et contribué à restaurer la salle des Thèses de l'Université d'Orléans. Ce sera pour M. Boucher de Molandon un droit éternel à la reconnaissance d'avoir été l'un de ceux qui ont le plus énergiquement secondé la Société, par sa prodigieuse activité, la légitime influence due à sa personnalité, ses remarquables travaux et ses largesses pécuniaires.

IX

Il nous faut revenir maintenant quelques années en arrière, pour retrouver M. de Molandon provoquant et rendant possible par sa générosité l'une des meilleures œuvres accomplies par la Société archéologique depuis sa fondation, c'est-à-dire l'ouverture de concours affectés à l'histoire et aux antiquités de l'ancien Orléanais.

Ce fut dans la séance du 24 janvier 1868, présidée par lui-même, que M. de Molandon fit connaître qu'un « habitant d'Orléans », professant un grand attachement pour la Société, avait remarqué avec regret que cette Compagnie n'avait pas encore, à l'exemple de beaucoup d'autres Sociétés savantes, ouvert de concours publics pour les études archéologiques et historiques. Il ajouta que cette personne, qu'il n'était pas autorisé à nommer à cette heure, offrait une somme de cinq cents francs pour être distribuée sous forme de médailles aux lauréats d'un concours dont la Société, si elle acceptait ce don, déterminerait elle-même le mode, l'époque et les conditions. Le donateur exprimait seulement le vœu que les questions proposées fussent relatives à l'histoire de l'Orléanais.

Une commission fut immédiatement nommée ; sur son rapport, la proposition unanimement acceptée ; le programme rédigé, et la séance publique, pour la distribution des médailles, fixée au mois de mai 1869.

L'article 1er de ce programme stipulait qu'une médaille de cinq cents francs serait décernée en séance publique à l'auteur du meilleur travail inédit d'histoire, ou du meilleur mémoire d'archéologie ou de numismatique, relatifs à l'Orléanais. Les travaux ne devaient pas être signés ; ils devaient porter une devise ou épigraphe reproduite sur l'enveloppe cachetée d'un billet indiquant le nom de l'auteur. Cette enveloppe ne pouvait être ouverte qu'après le classement des mémoires.

La somme de 500 fr. affectée aux prix, fut élevée par le donateur d'abord à 600 puis enfin à 1,200 fr.

Mais quel était ce donateur ?

A la séance qui suivit celle dans laquelle le programme du concours fut arrêté, un honorable membre, devenu plus tard député du Loiret, M. Petau, demanda que le nom du fondateur de ce concours fût divulgué, « afin, dit il, que la Société lui exprimât sa profonde gratitude pour un acte de générosité aussi considérable, et dont les résultats pouvaient exercer une heureuse influence sur les études archéologiques de notre province ».

« Cette proposition, continue le procès-verbal de la séance, est adoptée avec empressement, et M. Boucher de Molandon, désigné dans la pensée de tous ses collègues, comme étant le fondateur du concours, reçoit les témoignages de leur reconnaissance. »

L'appel de la Société fut entendu et d'excellents travaux envoyés par M. Dupré, bibliothécaire de la ville de Blois, Mlle A. de Villaret, l'abbé Cochard, MM. de Maulde, archiviste paléographe et Boutet de Monvel.

L'application d'un premier prix n'ayant point paru, pour cette fois, justifiée par l'importance des mémoires, les deux premiers auteurs reçurent chacun une médaille de 300 fr. à titre de deuxième prix *ex-æquo*, et les autres concurrents des médailles de chacune 200 fr.

On avait choisi le lendemain de la fête de Jeanne d'Arc, le 9 mai 1869, pour la distribution publique des récompenses, à laquelle la Société désirait donner quelque solennité. Les invitations furent accueillies avec empressement. M. Egger, membre de l'Institut, que des liens de famille et d'affection rattachaient à notre ville, vint présider la séance et autour de lui se groupèrent d'éminents personnages : S. E. le cardinal de Bonnechose, Mgr de la Tour d'Auvergne, Mgr Dupanloup avec les sommités du Clergé orléanais, puis les autorités locales ; le Préfet, le Maire, enfin des membres de l'Institut, des savants, parmi lesquels MM. H. Wallon, Chabouillet, François Lenormant, etc., etc.

C'est devant cette imposante assistance que les lauréats vinrent recevoir leurs médailles. Puis M. Egger termina la séance en prononçant une allocution savante et pleine de charme qui fut couverte d'applaudissements.

Le succès du premier concours avait été indéniable. La Société archéologique ne fut pas ingrate, et dans la séance du 9 juillet, M. l'abbé Desnoyers offrit, au nom de ses collègues, à M. Boucher de Molandon, une médaille de vermeil « en souvenir de sa générosité et du zèle qu'il avait déployé à l'occasion du concours de 1869. »

M. de Molandon, vivement touché de ce témoignage de la bienveillance de ses collègues, leur en exprima en quelques paroles émues sa profonde gratitude.

Il fit plus. Cinq années plus tard, le 9 janvier 1874, il vint de nouveau offrir à la Société une somme de cinq cents francs, laquelle, jointe à pareille somme votée par elle, permettrait d'ouvrir un second concours dans les mêmes conditions que le premier.

La séance publique de ce concours eut lieu le 7 mai 1875 avec la même solennité que la première fois et fut terminée par l'annonce d'un don de 1,000 fr., mis à la disposition de la Société pour l'ouverture d'un troisième concours, en 1880.

Ainsi s'établit, grâce aux largesses répétées de M. de Molandon, l'usage d'ouvrir périodiquement, tous les cinq ans, un concours destiné à développer le goût des études historiques et archéologiques, à encourager les recherches sur l'histoire de notre province.

Cinq concours quinquennaux, établis sur ces bases, ont eu lieu successivement en 1869, 1875, 1880, 1885 et 1890. Le jour choisi pour la distribution des récompenses a toujours été la veille, le jour ou le lendemain de la fête de Jeanne d'Arc. Les présidents de la séance ont été tour à tour : MM. Egger, Georges Picot, Léopold Delisle ; les rapporteurs : MM. Baguenault de Viéville, de Buzonnière, Tranchau, de Molandon, Guerrier. Les lauréats, outre ceux que j'ai déjà nommés : MM. Cuissard, Doinel, Merlet, archiviste d'Eure-et-Loir, A. de Salies, Guignard ; les abbés Mouillé, Duchâteau et Bernois ; M. Paul Ratouis, etc...

Enfin, parmi les notabilités qui ont honoré de leur présence, à diverses époques, ces réunions, je citerai S. Em. le cardinal Richard, archevêque de Paris, NN. SS. Besson, évêque de Nîmes ; Laborde, évêque de Blois ; Lagrange, évêque de Chartres ; MM. Petau, Robert de Massy et d'Harcourt, députés du Loiret ; Dumas et Boullé, premiers présidents ; les généraux Bataille et de Brécourt, MM. le baron de Behr, Henry et Boegner, préfets du Loiret ; Germon, Sanglier, Rabourdin-Grivot, maires d'Orléans, etc.

La journée se terminait habituellement par une réception dans les salons de M. de Molandon, où le maître de la maison savait, tout en s'effaçant, se distinguer par une exquise politesse, une extrême prévenance jointe au tact le plus parfait.

Quatre volumes de la série des *Mémoires* de la Société, les T. XIV, XIX, XXI et XXIV ont été, en outre, consacrés à l'impression de la plus grande partie des travaux couronnés.

Par une attention délicate, M. de Molandon avait exprimé le désir que des médailles d'argent ou de bronze pussent être également décernées aux auteurs des meilleurs travaux concernant l'histoire ou l'archéologie de la province orléanaise, publiés dans le cours de la dernière période quinquennale, et dont un exemplaire aurait été offert à la Société.

Notre Compagnie s'empressa de déférer à ce désir, et des médailles furent distribuées, en 1885 et 1890, aux auteurs d'ouvrages importants, récemment publiés : Mlle A. de Villaret, MM. Eug. Vignat, ancien maire d'Orléans et ancien député ; l'abbé Hénault, conservateur de la bibliothèque de Chartres ; l'abbé Prévost, curé de Germigny-des-Prés (Loiret).

Le succès des concours avait toujours été croissant et s'était affirmé de plus en plus. Pour le premier concours, sept mémoires avaient été soumis à l'appréciation du jury constitué par la Société; quinze mémoires ont été présentés en 1890.

Cette fois, comme les précédentes, la séance solennelle, organisée pour la distribution des récompenses, fut terminée par l'annonce d'un sixième concours ouvert pour l'année 1895.

M. de Molandon avait, en effet, déclaré qu'il mettait à la disposition de la Société pour être distribuée à cette époque en médailles, une somme de mille francs, ainsi qu'il l'avait fait pour les précédents concours.

Le donateur a été frappé par la mort avant d'avoir pu réaliser sa promesse ; mais ses deux neveux, MM. Maxime et Adalbert de Beaucorps, se sont montrés jaloux d'honorer la mémoire de leur oncle en exécutant un désir si formellement exprimé par lui; et ils ont donné l'assurance à la Société archéologique que la somme promise serait par eux intégralement versée.

Un sixième concours aura donc lieu en 1895. Le but que poursuivait M. de Molandon avait été merveilleusement atteint. Lui-même l'avait défini en quelques paroles prononcées dans l'une de ces séances solennelles et auxquelles il n'y aurait rien à ajouter, s'il ne s'était si complètement effacé. Le lecteur, dans sa pensée, suppléera à tout ce que la modestie de l'orateur lui a fait passer sous silence.

« Le but que se propose la Société, disait-il, en s'efforçant d'encourager par ce public hommage les travaux historiques relatifs à notre province, n'est autre chose que la continuation et, en quelque sorte, le développement extérieur de son institution. Ce but vers lequel tendent ses constants efforts, c'est d'honorer, par de consciencieuses appréciations, la mémoire, la vie, les institutions de nos pères, de dissiper de regrettables erreurs, de faire prévaloir d'utiles vérités, de mettre en lumière quelques monuments oubliés, quelques faits dignes d'honneur, quelques dévoûments obscurs ou méconnus et d'accroître ainsi de quelques épis, glanés dans le passé, le plus précieux de nos patrimoines, le glorieux faisceau des beaux souvenirs de la patrie. »

X

Les travaux concernant Jeanne d'Arc que j'ai rappelés, l'acquisition et la restauration de la salle des Thèses, l'organisation des concours quinquennaux ont-ils absorbé en entier la vie, ou tout au moins les heures de travail de M. Boucher de Molandon? Oh non! Son infatigable activité, sa vivacité d'esprit se sont exercées sur d'autres points, de bien d'autres manières, que j'essaierai d'esquisser.

M. de Molandon, a-t-on écrit quelque part, « avait au plus haut point le sentiment de la critique des textes et des documents ». Il avait au même degré, ajouterai-je, un culte éclairé pour nos vieux monuments, leur conservation, leur description, la consécration du souvenir qu'ils rappellent.

Nous connaissons tous quelque part un théâtre établi dans le vaisseau d'une vieille église, un bâtiment élevé au milieu de l'ancien *Grand Cimetière* d'une ville et qui porte aujourd'hui, je ne sais par quelle ironie du sort, le nom, parfaitement justifié, de *Salle des Fêtes.*

A Beaugency, c'est l'abattoir de la ville que l'on voulait établir dans la vieille chapelle abandonnée de Saint-Michel (c'était donc un vocable prédestiné !).

Les conseillers municipaux sont, il faut le reconnaître, gens très pratiques ; mais trop pratiques quelquefois au gré des archéologues.

La Société archéologique avait alors quelque crédit. Une commission, dont M. de Molandon fit partie, fut nommée avec la mission de protester contre une pareille souillure, non seulement au point de vue de l'art, mais aussi par respect pour les convenances.

Pauvre vieille église, un abattoir et une Société archéologique se la disputaient. Personne ne l'a eue ; elle a été rasée ! *Potius mori quam fœdari.*

La Société a été plus heureuse, on l'a vu plus haut, en obtenant la conservation et la restauration de la salle des Thèses. Ses efforts cette fois ont été couronnés d'un plein succès, grâce surtout à la part prépondérante prise dans les négociations par M. de Molandon.

On le retrouve payant de sa personne et de son argent, et contribuant à des réparations importantes faites à l'église de Trinay, canton d'Artenay; à la restauration de la chapelle de Saint-Remi, à Mardié, où une chute, faite du haut d'un échafaudage, faillit lui coûter la vie. Enfin et surtout il apporta un puissant concours aux travaux exécutés à la remarquable église de Chécy, sa paroisse, lorsqu'il résidait en son château de Reuilly, travaux importants qui consistèrent dans le relèvement de la voûte de la nef, la reconstruction du transept, la réfection de la belle rosace de l'abside.

M. de Molandon consacra à plusieurs reprises des sommes importantes à la restauration de cette église, qui avait déjà absorbé le patrimoine, modeste il est vrai, d'un dévoué curé, M. l'abbé Romain. Plus généreux que bien inspiré, ce vénérable prêtre avait imaginé de remplacer les colonnettes disparues, qui avaient dû flanquer les gros piliers du transept, par des tuyaux en poterie peints en blanc. M. de Molandon eut quelque peine à lui faire comprendre qu'il valait encore mieux laisser les piliers incomplets, en attendant de nouvelles ressources, que d'user d'un pareil trompe-l'œil.

Archéologue convaincu, il se montra aussi jaloux de la consécration des souvenirs qui se rattachaient aux vieux monuments que de leur propre conservation. A Chécy, on le voit rétablir dans l'église la pierre tumulaire des enfants de Jacques de Cailly, seigneur de Reuilly, père du poète ; puis graver sur le marbre des inscriptions rappelant le passage de Jeanne d'Arc, les 28 et 29 avril 1429, l'invasion prussienne et le combat du 4 décembre 1870, les noms des curés des deux paroisses.

A Orléans, il fait fixer sur la façade de l'hôtel qu'il habitait, rue Pothier, une plaque de marbre indiquant que là vécut et mourut le célèbre jurisconsulte Pothier, qui avait été l'ami de son père. Dans l'église de Saint-Paul, il fait placer une dalle de marbre de 1 m. 65 de hauteur reproduisant l'inscription funéraire, qui avait été enlevée, de Jacques Boucher et de Jeanne Luillier sa femme. Au nº 35 de la rue du Tabour, ancien hôtel de la Porte-Renart, puis de l'Annonciade, il obtient l'autorisation de la ville d'appliquer une plaque de marbre commémorative des séjours qu'y firent Jeanne d'Arc en 1429 et Charles VII en 1448. Il avait préalablement communiqué à la Société le texte de l'inscription.

M. de Molandon avait consacré à cette maison historique une étude approfondie qu'il fit paraître en 1889, sous ce titre : *Jacques Boucher, sieur de Guilleville et de Mézières, trésorier général du duc d'Orléans en 1429, sa famille, son monument funéraire, son hôtel* (1). J'aurais pu faire rentrer ce travail dans la série des mémoires concernant Jeanne d'Arc, car il y est beaucoup parlé de la vénérée Pucelle d'Orléans, et de piquants détails y sont relevés sur les séjours qu'elle fit dans notre ville et dans cette habitation.

Tout, cependant, dans cette publication, malgré de réels mérites et de savants aperçus, n'a pas été admis sans quelques réserves. Les auteurs (car il faut ici associer à M. de Molandon M. Maxime de Beaucorps, auquel, au dire même de son oncle, revient une part considérable dans cette étude), les auteurs, dis-je, retrouvent dans le salon de cette maison et la chambre qui le surmonte, les appartements occupés par le trésorier général et la jeune héroïne, contrairement à l'opinion d'autres archéologues qui n'admettent point que les constructions, que nous avons sous les yeux, puissent remonter au delà de la seconde moitié du XVe siècle.

Ce mémoire est accompagné de planches et se termine, comme toujours, par la publication de nombreuses pièces inédites dont la majeure partie concerne Jacques Boucher, et Guillaume Cousinot, chancelier du duc d'Orléans.

(1) *Mémoires de la Société arch. et hist. de l'Orléanais*, t. XXII.

XI

Puisque j'ai été ramené à parler des écrits de M. de Molandon, je devrais terminer ici leur analyse et faire ressortir les mérites aussi variés qu'incontestables de tous ceux que je n'ai pu encore rappeler. Mais je sens que je m'attarde, et il faut me résoudre à une courte mention des ouvrages qui n'ont point encore été cités.

L'épigraphie a inspiré à M. de Molandon deux dissertations pleines d'érudition.

Dans la première, éditée en 1868 (1), il établit comment une inscription romaine, récemment découverte à Mesve (Nièvre), détermine du même coup, en fixant en ce lieu l'antique station de *Masava* et par le calcul et la comparaison des distances, la position de *Genabum* à Orléans.

Dans la seconde (2) il rétablit le texte, altéré par quelques auteurs, de diverses inscriptions tumulaires des XIe et XIIe siècles gravées sur le mur extérieur de la nef méridionale de l'église abbatiale de Saint-Benoit-sur-Loire. Ainsi fait-il rentrer dans le néant, d'où il n'aurait jamais dû sortir, le moine *Urebo*, éclos d'une lecture par trop fantaisiste. Des surmoulages exécutés avec des soins minutieux, sous la direction de l'auteur, et les calques annexés à son mémoire conservent le souvenir de ces vénérables épaves de l'antique cimetière des Bénédictins, condamnées elles-mêmes à disparaître dans un délai rapproché, la pierre s'effritant tous les jours sous l'action du temps.

Habile épigraphiste, M. de Molandon se montre également paléographe érudit dans la publication d'un diplôme d'Agius, évêque d'Orléans au IXe siècle, lequel en 854 autorisa les chanoines de Saint-Aignan d'Orléans à établir un nouveau cime-

(1) *Mémoires de la Société archéologique et historique de l'Orléanais*, t. XI.
(2) *Ibid.*, t. XVIII.

tière et à construire la chapelle qui prit le nom de Notre-Dame-du-Chemin, à l'est de la ville. Il a joint à son travail publié en 1868, dans nos *Mémoires* (1), un fac-simile de la pièce et des détails pleins d'intérêt sur quelques localités de l'ancien *pagus aurelianensis*.

Pour terminer, je signalerai brièvement, dans leur ordre chronologique, de substantielles notices, dues à la plume de notre infatigable confrère et publiées sous ces titres :

Une station préhistorique aux bords de l'Essonne.

Un gros tournois de Saint-Louis trouvé à Reuilly.

La citadelle de la Porte Bannier et le capitaine Caban.

Antoine Brachet et son monument funéraire, retrouvé en 1879, à Pavie.

Les élections communales d'Orléans du 6 mars 1485.

Documents orléanais du règne de Philippe-Auguste (à remarquer ici une étude intéressante sur *la Tour Neuve d'Orléans*).

L'inventaire des livres, joyaux, ornements de l'église Saint-Paul d'Orléans.

La tour du Heaume et la seconde enceinte d'Orléans.

Janville, son donjon, ses souvenirs (à propos d'un monument érigé à Jeanne d'Arc le 23 mai 1886).

Une complainte orléanaise du XIIIe siècle, retrouvée par M. Léopold Delisle, découverte mise avec courtoisie par le savant membre de l'Institut à la disposition de notre confrère, auquel il aimait à témoigner une bienveillante amitié.

Je rappellerai encore une dissertation savante sur le *Tumulus de Reuilly, et son vase funéraire,* rédigée avec la collaboration de M. Adalbert de Beaucorps et lue au Congrès des Sociétés savantes à Paris, en 1887 ; et enfin une œuvre éminemment orléanaise, la copie complète et littérale de quarante-deux registres des comptes de ville d'Orléans, embrassant une période de soixante-seize années, de 1384 à 1460 (2).

(1) *Mémoires de la Société arch. et hist. de l'Orléanais*, t. XI.

(2) La transcription de ces registres a été faite par Mlle A. de Villaret.

La Société archéologique, en votant l'impression d'une partie de ces comptes, se rapportant plus spécialement au siège de 1429, a voulu y coopérer par une somme fixée à l'avance. M. de Molandon avait promis de la compléter et de diriger la publication des documents ; c'est M. Adalbert de Beaucorps qui demeure désormais, sur sa demande, chargé de ce travail.

XII

Je me suis étendu sur le labeur, je serai bref en rappelant les honneurs, quelque modérés qu'ils aient été, sûr de réaliser le vœu intime de celui qui voulut bien me confier si souvent sa pensée et m'honorer de son amitié.

Les premiers travaux de M. Boucher de Molandon l'avaient de bonne heure signalé à l'attention de ses collègues de la Société archéologique. Il fut élu vice-président au mois de décembre 1864 et président en 1867, 1868 et 1869. D'après les statuts de la Société, le président et le vice-président, après trois années consécutives d'exercice, ne peuvent plus être réélus qu'après un an d'intervalle. Mais, en quittant la présidence qu'il remettait entre les mains de M. l'abbé Desnoyers, après lui avoir adressé quelques paroles pleines de tact et de cœur, M. de Molandon était de nouveau réélu vice-président, et au bout de trois ans présidait une seconde fois pendant les années 1874, 1875 et 1876.

C'est sous cette présidence qu'au mois de mars 1875 la Société archéologique reçut l'une des trois médailles, décernées chaque année par le Comité des travaux historiques, aux Sociétés dont les travaux ont le plus efficacement contribué au progrès des études historiques.

Délégué habituel de la Société au Congrès des Sociétés savantes, qui s'ouvre chaque année à Paris, ses communi-

lauréat de la Société, très familiarisée avec les études paléographiques et dont la lecture offre une entière sécurité.

cations le mirent bientôt en évidence et lui valurent plusieurs mentions. Le 2 avril 1869, il recevait les palmes académiques à la séance solennelle tenue à la Sorbonne. Le 26 mai 1876, il était nommé Officier de l'Instruction publique ; enfin, le 11 avril 1885, la croix de la Légion-d'Honneur lui était décernée, également à la Sorbonne, sur la proposition de M. le Ministre de l'Instruction publique. Retenu au chevet de son beau-frère mourant, le vicomte de Beaucorps, il eut le regret de ne pouvoir recevoir en personne cette haute récompense si dignement méritée et pour laquelle trois fois il avait été présenté par le Comité de travaux historiques.

Le 21 mai 1875, il avait été nommé correspondant du Ministère de l'Instruction publique et, le 16 février 1880, membre non résident du Comité des travaux historiques. Il était également membre de l'Institut des Provinces (1868), de la Société des Antiquaires de France (1868), de la Société de l'Histoire de France, de la Société d'émulation des Vosges (1883), de l'Académie des Sciences et Belles-Lettres d'Angers (1888), de l'Académie héraldique et généalogique d'Italie à Pise (1875), etc....

Dès 1859, la Société des Sciences et des Lettres de Blois lui avait fait offrir le titre de membre correspondant.

En 1863, lorsque Mgr Dupanloup groupa autour de lui quelques hommes d'élite pour former à Orléans une nouvelle Société embrassant dans le vaste cadre de ses travaux tout ce qui concerne la philosophie religieuse, la littérature et l'histoire anciennes et modernes, M. Boucher de Molandon fut appelé par l'illustre évêque, dont il fut toujours un fervent admirateur, à faire partie de cette réunion. Il prit ainsi part à la constitution de cette Société, établie sous le nom d'*Académie de Sainte-Croix*, et fut appelé plus tard à la présider, en 1870, 1871 et 1872 (1).

(1) Dans l'AVANT-PROPOS du t. II des *Lectures* et *Mémoires* de l'Académie de Sainte-Croix, M. de Molandon, qui la présidait alors, a retracé l'histoire de cette compagnie de 1863 à 1872.

XIII

M. Boucher de Molandon apportait dans toutes ses relations, et avec qui que ce fût, cette « vieille politesse française », qu'on songe plus à regretter qu'à faire revivre. Il a toujours été bon et généreux (1). Il fut l'un des premiers secrétaires de l'*Association chrétienne et charitable*, connue à ses débuts, en 1816, sous le nom d'*Œuvre des prisons et des ouvriers malades*. Il a fait également partie des sociétés de Saint-Vincent-de-Paul et de Saint-Joseph, presque dès leur origine, et il a été longtemps l'un des principaux soutiens de cette dernière.

Que d'aumônes distribuées aussi de sa propre main ! Que de misères cachées, par lui discrètement secourues !

Les deux plus grands fléaux qui puissent désoler le sol de la patrie, l'inondation et l'invasion, l'ont trouvé debout, prêt à tous les dévoûments.

En 1866, lorsque la Loire débordée couvrit de ses eaux dévastatrices le val si riche qui s'étend le long de ses rives, on le vit, risquant sa vie, porter du pain aux malheureux dont les maisons étaient envahies ou cernées par le flot menaçant. Il coopéra ainsi au sauvetage de plus de 150 inondés à Chécy, Mardié et Bou.

Un pareil dévoûment ne passa pas inaperçu, et M. de Molandon reçut du Ministre de l'Intérieur, au nom de l'Empereur, une lettre contenant des éloges qui furent mentionnés au *Moniteur*, journal officiel à cette époque.

Après l'inondation de 1866, vient l'invasion prussienne de 1870. Alors ce serviteur de Jeanne d'Arc, comme l'a si bien nommé le chroniqueur auquel j'emprunte les lignes qui suivent, alors cet homme de cœur comprit que « si son âge lui interdi-

(1) La presse locale a été unanime à rendre hommage à la mémoire de M. de Molandon, en publiant de touchantes notices nécrologiques signées de MM. Couret, de Rancourt de Mimérand, Ch. Pilard, Jules Domel.

sait l'épée, il le laisait libre pour la charité. Non content d'établir dans sa maison une ambulance pour les blessés, il s'enrégimenta dans ces nobles ambulances volantes qui allaient les relever sur les champs de bataille. Coulmiers le vit après la sublime horreur de la victoire, donner à un soldat épuisé le morceau de pain qu'il rompait pour apaiser sa faim. La commission de secours aux Français prisonniers entassés dans les églises le compta parmi ses plus dévoués confrères. Or, 28,000 prisonniers avaient traversé Orléans ».

« Dans ces campagnes civiques, il n'était pas seul. Un de ses neveux l'accompagnait, tandis que le second se battait pour la France. *Generatio rectorum benedicetur* (1). »

M. de Molandon continua toute sa vie de faire partie du conseil du Comité départemental de secours aux blessés.

En 1871 les députés du Loiret l'avaient proposé pour la décoration. M. de Molandon les pria de retirer leur demande, disant qu'il n'avait fait que son devoir, devoir en tout cas périlleux, car une maladie terrible, contractée dans les ambulances, avait enlevé à ses côtés, pour ainsi dire, un homme jeune encore, plein de vigueur et de santé, M. Alfred de Puyvallée.

Un touchant hommage fut rendu par M. de Molandon à cette victime du devoir. Les quelques pages éloquantes et émues qu'il lui consacra sont dignes d'être comparées à ces oraisons funèbres prononcées par nos grands orateurs sur la tombe de nos héros.

Je ne puis résiter au désir de citer les lignes qui en forment la péroraison : « Les yeux levés vers le ciel, il s'est éteint sans murmure, dans l'accomplissement de la tâche qu'il s'était donnée ; dans l'admirable épanouissement du dévoûment et du sacrifice ; victime du devoir volontairement accepté, courageusement continué jusqu'à la mort : semblable, en quelque sorte, en sa vie si courte et si dignement remplie, à ces fleurs délicates qui s'ouvrent aux premiers rayons du jour, embaument l'air de leurs suaves parfums, charment les regards de l'éclat de leurs

(1) *Chronique d'histoire locale. Un serviteur de Jeanne d'Arc*, par Jules DOINEL. (*Républicain orléanais* du 31 juillet 1893.)

couleurs ; puis, tout à coup, replient doucement leur pure corolle, s'inclinent, et se ferment pour toujours. »

D'autres notices nécrologiques, destinées à honorer différents mérites, mais écrites avec le même charme de style, ont été consacrées par lui à de nos regrettés collègues, les abbés Rocher, Patron et Cosson ; MM. Alfred Giraud, le comte de Pibrac, Henri Courmont, directeur des Beaux-Arts ; Valentin Smith.

La prodigieuse activité de M. Boucher de Molandon s'étendait à tout. On le trouve membre du Conseil d'administration de l'Assurance mutuelle l'*Orléanaise*, délégué cantonal du canton Nord-est d'Orléans, directeur-adjoint du Musée historique, témoin dans le procès de la béatification de Jeanne d'Arc, membre du Comité du monument à élever à Mgr Dupanloup, conseiller municipal de la commune de Chécy, où s'exerça particulièrement sa bienfaisante action.

Il avait acheté là, de ses propres deniers, une maison dans laquelle il avait fondé un asile dirigé par des sœurs et qui prospérait déjà à peine ouvert. En faisant cette fondation, il avait exprimé un simple désir, auquel le Conseil municipal se crut, un beau jour, fort libre de ne pas se conformer.

L'établissement fut alors fermé, et M. de Molandon put reconnaître, une fois de plus dans sa vie, qu'il n'est pas toujours aisé, même quand on en a la ferme intention, d'être généreux et bienfaisant.

XIV

A la vivacité de l'esprit, M. de Molandon joignait la vigueur du corps. Rien ne l'arrêtait, surtout quand il s'agissait d'excursions archéologiques. A Rome, où celui qui écrit ces lignes a eu l'heureuse fortune de le retrouver, en 1862, à l'époque des imposantes fêtes de la canonisation des martyrs du Japon, ni les ardeurs du climat, ni l'atmosphère fiévreuse, ni les fatigues d'excursions répétées, ni la longueur des cérémonies, rien ne parut ébranler ses forces.

Il avait depuis longtemps dépassé quatre-vingts ans, et il conservait encore toute sa verdeur, lorsqu'une cruelle épreuve, supportée avec courage mais non sans l'ébranler, vint le frapper. Ses yeux, qu'il n'avait jamais ménagés pour le travail, ni le jour, ni la nuit, s'obscurcirent; la vue allait lui manquer, il fallut faire l'opération de la cataracte.

Une quasi-lumière, dont il s'empressa d'user en se remettant opiniâtrément au travail, lui fut rendue ; mais bientôt une seconde opération fut déclarée nécessaire. Malgré son âge, malgré l'affaiblissement lent et progressif de sa santé, malgré de sages avertissements, le malade voulut qu'elle fût tentée.

L'habile praticien, qui l'avait une première fois opérée, l'exécuta et la réussit avec son adresse habituelle.

Malheureusement les ressorts de la vie étaient usés, la force de la réaction n'existait plus, l'ébranlement général causé par l'opération était sans remède.

M. Boucher de Molandon languit quelques semaines, voyant venir la mort avec sérénité, recevant avec foi et confiance les consolations et les secours de la religion chrétienne.

Le 21 juillet 1893, il expirait, sans agonie, entouré de ses neveux qui ne l'avaient jamais quitté, de ses nièces, admirables de dévoûment. Dieu l'avait appelé à voir enfin le jour qui ne connaît pas de déclin, *quæ nescit occasum dies ;* à entrer dans la patrie qui ne connaît pas d'ennemi, *quæ nescit hostem* Patria !

Orléanais par ses ancêtres, par sa naissance, par sa résidence, c'est à des sujets orléanais que M. Boucher de Molandon a consacré tous ses travaux, c'est sur Orléans qu'il a concentré toutes les forces vives de son inaltérable et généreux dévoûment.

Orléans s'en souviendra !

BIBLIOGRAPHIE DES OUVRAGES DE M. BOUCHER DE MOLANDON

Etudes sur une bastille anglaise du XVe siècle, retrouvée à Fleury (près Orléans), carte du siège de 1429 et plan de la bastille, par M. Boucher de Molandon. Rapport à la Société archéologique de l'Orléanais, par A. Collin, ingénieur en chef des ponts et chaussées, etc. Orléans, Alexandre Jacob, 1858, in-8°, 64 p., 1 planche. (Extrait des *Mémoires* de la Société archéologique de l'Orléanais, t. IV.)

Note de Guillaume Giraut, notaire au Châtelet d'Orléans, sur la levée du siège, inscrite de sa main sur son registre de minutes, le 9 mai 1429, avec fac-simile. Orléans, Alexandre Jacob, 1858, in-8°, 10 p. (*Ibidem.*)

Rapport sur l'inventaire et le classement de la bibliothèque de la Société archéologique de l'Orléanais, au 31 décembre 1864. Orléans, Georges Jacob, 1865, in-8°, 12 p. (Extrait des *Bulletins* de la Société archéologique de l'Orléanais, t. IV, n° 47.)

Compte moral de la situation financière de la Société archéologique de l'Orléanais, au 1er janvier 1867. Orléans, Georges Jacob, 1867, in-8°, 11 p. (*Ibidem*, n° 55.)

Nouvelles études sur l'inscription romaine de Mesve (Nièvre). — *Conséquences de cette découverte pour la détermination topographique de Genabum.* Inscription lapidaire et carte des voies romaines aboutissant à *Genabum.* Paris, Imprimerie Impériale, 1868. Orléans, Georges Jacob, in-8°, 38 p. 2 pl., seconde édition revue. (Extrait des Mémoires lus à la Sorbonne (avril 1867), et du XIe volume des *Mémoires* de la Société archéologique de l'Orléanais.)

Charte d'Agius, évêque d'Orléans au IXe siècle. — **L'ancienne chapelle Saint-Aignan** (église de Notre-Dame-du-Chemin), avec fac-simile de la charte d'Agius. Orléans, Georges Jacob, 1868, in-8°, 88 p. (Extrait des *Mémoires* de la Société archéologique de l'Orléanais, t. XI.)

— **La salle des thèses de l'Université d'Orléans.** Dessins de M. Ch. Pensée. Orléans, H. Herluison, 1869, in-8°, 55 p. 5 pl. (Mémoire lu à la Sorbonne, avril 1869.)

— **La salle des thèses de l'Université d'Orléans,** 2e édition entièrement refondue, augmentée de plusieurs documents inédits. Dessins de M. Ch. Pensée. Orléans, H. Herluison, 1872, in-8°, 93 p., 5 pl. (Extrait des *Mémoires* de la Société archéologique de l'Orléanais, t. XII.)

— **La Société archéologique de l'Orléanais pendant les années 1867, 1868, 1869,** compte rendu de sa situation et de ses travaux. Orléans, Georges Jacob, 1872, in-8°, 7 p. (Extrait des *Bulletins* de la Société archéologique de l'Orléanais, t. V, n° 66.)

— **Station préhistorique aux bords de l'Essonne,** à Buthiers (Seine-et-Marne), près Malesherbes (Loiret). Orléans H. Herluison, 1874, in-8°, 16 p., 1 pl. (Extrait des *Bulletins* de la Société archéologique et historique de l'Orléanais, t. V, n° 79.)

— **Première expédition de Jeanne d'Arc, le ravitaillement d'Orléans.** Nouveaux documents, plan du siège et de l'expédition. Orléans, H. Herluison, 1874, in-8°, 112 p., 1 pl. (Extrait des *Mémoires* de la Société archéologique et historique de l'Orléanais, t. XV, et des *Lectures* et *Mémoires* de l'Académie de Sainte-Croix, t. II.)

— **Note sur un gros tournois de Saint-Louis,** trouvé à Reuilly, commune de *Chécy* (Loiret), seconde édition revue, dessin. Orléans, H. Herluison, 1875, in-8°, 6 p. (Extrait des *Bulletins* de la Société archéologique et historique de l'Orléanais, t. VI, n° 82.)

— **La Société archéologique et historique de l'Orléanais,** compte rendu de la gestion et des travaux de la Société pendant les années 1874, 1875, 1876. Orléans, Georges Jacob, 1877, in-8°, 11 p. (*Ibid.*, n° 92.)

— **La famille de Jeanne d'Arc, son séjour dans l'Orléanais,** d'après des titres authentiques récemment découverts. Tableaux généalogiques. Orléans, H. Herluison, 1878, in-8°, 166 p. (Extrait des *Mémoires* de la Société archéologique et historique de l'Orléanais, t. XVII.)

— **La citadelle de la porte Bannier. Le capitaine Caban,** premier commandant de cette forteresse. Orléans, Georges Jacob, 1879, in-8°, 8 p. (Extrait des *Bulletins* de la Société archéologique et historique de l'Orléanais, t. VII, n° 101.)

Antoine Brachet, sa famille, sa mort en 1504, son monument funéraire retrouvé à Paris, en 1879. Dessin. Orléans, H. Herluison, 1880, in-8°, 14 p. (*Ibid.*, n° 107.)

Les comptes de ville d'Orléans des XIVe et XVe siècles. Transcription littérale, période de 1384 à 1460. Orléans, H. Herluison, 1880, in-8° 25 p. (Extrait des *Mémoires* de la Société archéologique et historique de l'Orléanais, t. XVIII.)

Documents orléanais du règne de Philippe-Auguste. Statuts donnés aux tisserands d'Orléans, la Tour-Neuve, etc. Orléans, H. Herluison, 1881, in-8°, 30 p. (Extrait des *Mémoires* de la Société archéologique et historique de l'Orléanais, t. XVIII.)

Elections communales d'Orléans du 6 mars 1485. Atteinte aux privilèges de la cité, etc. Paris, Imprimerie Nationale, 1881, in-8°, 14. p. (Extrait de la *Revue des Sociétés savantes*, 7e série, t. V.)

Inventaire des livres, joyaux, ornements, etc., de l'église Saint-Paul, d'Orléans. Paris, Imprimerie Nationale, 1882, in-8°, 22 p. (Extrait du *Bulletin des travaux historiques*, n° 2, 1882.)

La délivrance d'Orléans et l'institution de la fête du 8 mai. Chronique anonyme du XVe siècle, récemment retrouvée au Vatican et à Saint-Pétersbourg, Jean de Mascon, etc. Orléans, H. Herluison, 1883, in-8°, 108 p. (Extrait des *Mémoires* de la Société archéologique et historique de l'Orléanais, t. XVIII.)

La maison de Jeanne d'Arc à Domremy, et Nicolas Gérardin, son dernier possesseur. Orléans, H. Herluison, 1884, in-8°, 15 p. (Extrait des *Bulletins* de la Société archéologique et historique de l'Orléanais, t. VIII, n° 118.)

La Tour du Heaume et la seconde enceinte d'Orléans. Herluison, 1884, in-8°, 4 p., 1 pl. (*Ibid.*, n° 125.)

Inscriptions tumulaires des XIe et XIIe siècles à Saint-Benoit-sur-Loire. Calques annexés à cette étude. Orléans, H. Herluison, 1884, in-8, 50 p., 6 planches. (Extrait des *Mémoires* de la Société archéologique et historique de l'Orléanais, t. XVIII.)

Jacques d'Arc, père de la Pucelle, sa notabilité personnelle, etc. Orléans, H. Herluison, 1885, in-8°, 28 p. (*Ibid.*, t. XX.)

Complainte orléanaise du XIIIe siècle, avec sa notation musicale, retrouvée par M. Léopold Delisle. Notice sur cette découverte par M. Boucher de Molandon. Orléans, H. Herluison, 1886, in-8°, 16 p. 1 planche. (Extrait des *Bulletins* de la Société archéologique et historique de l'Orléanais, t. VIII, n° 126.)

Nouveau témoignage relatif à la mission de Jeanne d'Arc, communication faite à l'Académie des inscriptions et belles-lettres, par M. Léopold Delisle. — Rapport à la Société archéologique et historique de l'Orléanais, par M. Boucher de Molandon. Orléans, H. Herluison, 1886, in-8°, 11 p. (*Ibid.*, n° 128.)

Janville, son donjon, son château, ses souvenirs du XVe siècle, monument élevé à Jeanne d'Arc, le 23 mai 1886. Orléans, H. Herluison, 1886, in-8°, 14 p. (*Ibid.*, n° 129.)

Le Tumulus de Reuilly, son vase funéraire à cordons saillants de l'âge primitif du bronze, par M. Boucher de Molandon et le baron Adalbert de Beaucorps. Orléans, H. Herluison, 1887, in-8°, 33 p. 1 planche. (Extrait des *Mémoires* de la Société archéologique et historique de l'Orléanais, t. XXII.)

Eglise Saint-Pierre de Chécy, nouvelles inscriptions commémoratives. Orléans, H. Herluison, 1887, in-8°, 7 p. (Extrait des *Bulletins* de la Société archéologique et historique de l'Orléanais, t. IX, n° 133.)

Jacques Boucher, sieur de Guilleville et de Mézières, trésorier général du duc d'Orléans en 1429, sa famille, son hôtel de la Porte-Renart ou de l'Annonciade, souvenirs orléanais du temps de Jeanne d'Arc. Orléans, H. Herluison, 1889, in-8°, 135 p., 3 planches. (Extrait des *Mémoires* de la Société archéologique et historique de l'Orléanais, t. XXIII.)

Pierre du Lis, troisième frère de la Pucelle. Extinction de sa descendance en 1501. Paris, Conseil héraldique de France. Orléans, H. Herluison, 1890, in-12, 12 p. (Extrait de l'*Annuaire* du Conseil héraldique de France, année 1890.)

Un oncle de Jeanne d'Arc, depuis quatre siècles oublié. Mangin de Vouthon, frère d'Isabelle, mère de la Pucelle ; sa résidence à Saint-Denis-en-Val, près Orléans. Orléans, H. Herluison, 1891, in-8°, 19 p. (Extrait des *Mémoires* de la Société archéologique et historique de l'Orléanais, t. XXIII.)

Guillaume Erard, l'un des juges de la Pucelle. Paris, Ernest Leroux, 1891, in-8°, 7 p. (Extrait du *Bulletin historique et philologique* du comité des travaux historiques et scientifiques.

— **L'Armée anglaise vaincue par Jeanne d'Arc sous les murs d'Orléans.** Documents inédits et plan, par M. Boucher de Molandon et le baron Adalbert de Beaucorps. Orléans, H. Herluison. Paris, Baudoin, 1892, in-8°, 314 p. 1 plan. (Extrait des *Mémoires* de la Société archéologique et historique de l'Orléanais, t. XXIII.)

— **Inauguration d'une croix commémorative** du passage et du séjour de Jeanne d'Arc à Chécy (24 avril 1892). Orléans, H. Herluison, 1892, in-8°, 7 p. 1 planche. (Extrait des *Bulletins* de la Société archéologique et historique de l'Orléanais, t. X, n° 148.)

NOTICES NÉCROLOGIQUES

— **M. l'abbé Rocher,** secrétaire et vice-président de la Société archéologique de l'Orléanais, chanoine de la Cathédrale, aumônier des Prisons, etc... Orléans, Georges Jacob, 1868, in-8°, 13 p. (Extrait des *Bulletins* de la Société archéologique de l'Orléanais, t. V, n° 61.)

M. Alfred de Puyvallée, mort en 1870, victime de son dévouement pour les blessés. Orléans, Ernest Colas, 1871, in-8°, 11 p.

— **M. Maupré,** archiviste du Loiret, membre de la Société archéologique et historique de l'Orléanais. Orléans, Georges Jacob, 1876, in-8°. (Extrait des *Bulletins* de la Société archéologique et historique de l'Orléanais, t. VI, n° 89.)

M. Alfred Giraud, archiviste paléographe et docteur en droit, ancien député de la Vendée, conseiller à la Cour d'appel d'Orléans, membre de la Société archéologique et historique de l'Orléanais. Orléans, H. Herluison, 1880, in-8°, 10 p. (Extrait des *Bulletins* de la Société archéologique et historique de l'Orléanais, t. VII, n° 106.)

M. l'abbé Patron, chanoine de l'église d'Orléans, ancien secrétaire particulier de Mgr Dupanloup, membre de la Société archéologique et historique de l'Orléanais. Orléans, Georges Jacob, 9 p. (Extrait des *Bulletins* de la Société archéologique et historique de l'Orléanais, t. VII, n° 111.)

Germain-Philippe-Anatole comte du Faur de Pibrac, Élève de l'École polytechnique, conseiller municipal et administrateur des Hospices d'Orléans, officier d'académie, membre de la Société archéologique et historique de l'Orléanais. Orléans, H. Herluison, 1886, in-8°, 32 p., portrait. (Extrait des *Bulletins* de la Société archéologique et historique de l'Orléanais, t. VIII, n° 129).

M. Valentin Smith, conseiller honoraire à la Cour d'appel de Paris (en collaboration avec M. Francis Pérot). Orléans, H. Herluison, 1891, in-8°, 7 p. (Extrait des *Bulletins* de la Société archéologique et historique de l'Orléanais, t. X, n° 145.)

M. Henri Courmont, directeur honoraire des Beaux-Arts. Orléans, H. Herluison, 1891, in-8°, 8 p. (Extrait des *Bulletins* de la Société archéologique et historique de l'Orléanais, t. X, n° 146.)

NOTES, ALLOCUTIONS DE M. BOUCHER DE MOLANDON

INSÉRÉES DANS LES BULLETINS DE LA SOCIÉTÉ ARCHÉOLOGIQUE ET HISTORIQUE DE L'ORLÉANAIS

Note sur la découverte d'un trésor au Bois de la Bessière, commune de Mardié. (T. IV, n° 42, 1863.)

Allocution pour remercier la Société de sa nomination à la vice-présidence. (T. IV, n° 47, 1865.)

Allocution à l'occasion de son élection à la présidence de la Société. (T. IV, n° 55, 1867.)

Allocution en quittant le fauteuil de la présidence, à l'expiration de son mandat. (T. V, n° 66, 1869.)

Reconstruction dans les dépendances du Musée historique, de la façade, en bois sculpté, d'une maison du XVIe siècle. (T. VI, n° 84, 1875.)

Discours prononcé à la séance publique du second concours quinquennal. (T. VI, n° 85, 1875.)

Rapport sur les noms à donner aux rues et places des nouveaux quartiers que la municipalité se propose de créer. (T. VI, n° 90, 1876.)

Note sur une lettre de M. Léopold Delisle, relative à un passage d'un manuscrit du XIIe siècle, rappelant la gloire littéraire d'Orléans. (T. IX, no 139, 1889.)

Note sur le Formulaire de Tréguier. (T. IX, no 140, 1889.)

Lettres de Charles de Lorraine, duc de Mayence, conférant à Claude de la Châtre, le titre et les fonctions de gouverneur d'Orléans. (T. IX, no 143, 1890.)

ORLÉANS. — IMP. PAUL PIGELET.

www.ingramcontent.com/pod-product-compliance
Ingram Content Group UK Ltd.
Pitfield, Milton Keynes, MK11 3LW, UK
UKHW021646260726
13994UKWH00003B/1300

9 782329 360393